Rebella

200 WAARHEDEN OVER JOU EN DE LIEFDE

Belangrijk om te weten

De informatie en de raadgevingen in dit boek werden door de auteur en de uitgeverij (Coppenrath Verlag) in samenspraak met gynaecologen zo zorgvuldig mogelijk gecheckt. Het is de verantwoordelijkheid van de lezer te beslissen of en in hoeverre zij/hij deze raadgevingen volgt. Noch de auteur, noch de uitgeverij neemt die verantwoordelijkheid op zich. Auteur en uitgeverij zijn evenmin aansprakelijk voor eventuele persoonlijke of materiële schade.

Julia Weidner
Rebella. 200 waarheden over jou en de liefde
© 2009 Coppenrath Verlag GmbH & Co. KG, Münster, Duitsland
Alle rechten voorbehouden.
© 2009 voor het Nederlandse taalgebied: Clavis Uitgeverij, Hasselt – Amsterdam
Deskundig advies: Dr. H. Gandura
Illustraties: Marion Rekersdrees
Vormgeving: Anna Schwarz
Vertaling uit het Duits: Corry van Bree
Oorspronkelijke titel: *Von wegen Licht aus, Augen zu!*
Oorspronkelijke uitgever: Coppenrath Verlag GmbH & Co. KG, Münster, Duitsland
Trefw.: seksualiteit, jeugd
NUR 255
ISBN 978 90 448 1213 8
D/2009/4124/171
Alle rechten voorbehouden.

www.clavisbooks.com

Dit boek is gedrukt op papier met een certificaat
van de Forest Stewardship Council,
die verantwoord bosbeheer stimuleert.

Julia Weidner

Rebella

200 WAARHEDEN OVER JOU EN DE LIEFDE

VERTAALD DOOR
Corry van Bree

Clavis

tenslotte gaat het om jouw toekomst. Ben je jonger dan 14 jaar, dan kan er van je verlangd worden dat je ouders of anderen erbij betrokken worden. Ben je tussen 14 en 16 jaar, dan beslissen de adviseuse en een arts, die de abortus gaat uitvoeren, of je in staat bent om een doordachte beslissing te nemen. Iemand die probeert je bij het nemen van de beslissing onder druk te zetten, kan gestraft worden wegens ongeoorloofde dwang. Als je besluit dat je een abortus wilt, kun je hieronder de belangrijkste gegevens en feiten lezen. Volgens het Nederlandse en Vlaamse recht is een abortus in de eerste 3 maanden onwettig, maar niet strafbaar. Dat betekent dat een abortus onder bepaalde voorwaarden mag:

★ Je moet de abortus echt willen en de arts een verklaring geven van je bezoek aan een erkend adviesbureau.
★ Tussen het bezoek aan het adviesbureau en de abortus moeten minstens drie dagen bedenktijd zitten.
★ De abortus moet binnen de eerste 12 weken plaatsvinden.

Een abortus met een zogenaamde indicatie is niet onwettig en gratis. Er zijn medische en criminele indicaties. Als de *zwangerschap* een belangrijke lichamelijke of geestelijke belasting voor je vormt, krijg je een medische indicatie. Van een criminele indicatie is sprake, als de *zwangerschap* door een *verkrachting* is veroorzaakt of als het zwangere meisje jonger dan 14 is. De indicatie moet door een arts worden bevestigd en ook met een indicatie moet de abortus binnen de eerste 12 zwangerschapsweken plaatsvinden.

ACNE // → *puistjes*

AFRODISIACA //

Dit zijn middelen die *lust*gevoelens en de geslachtsdrift schijnen te verhogen. Deze *lust* verhogers zijn zo oud als de mensheid, want blijkbaar probeerden de neanderthalers hun liefdesleven al te stimuleren met verschillende planten. In de middeleeuwen gebruikten ze het sap van de alruin, waar je bij een verkeerde dosering echter verlamd door kon raken. Tegenwoordig hebben we gelukkig middelen die onschuldiger zijn. Oesters bijvoorbeeld doen door hun vochtigheid denken aan een vulva *(geslachtsorganen)* en bevatten bovendien mineralen en vitaminen die fit maken. Alcohol is minder aan te raden – je voelt je door alcohol wel vrijer, maar het verdooft je zintuigen en verzwakt de *potentie*. Zachte of

Chili stimuleert de lichaamseigen productie van zogenaamde endorfinen, dat zijn stoffen die je een prettig gevoel geven. Bepaalde bestanddelen van de kokosnoot schijnen de potentie te verhogen en het libido van de vrouw op gang te brengen.

ritmische muziek, kaarslicht, parfum en *lingerie* en natuurlijk *petting* stimuleren daarentegen *(stimulatie)*. Ook erotische literatuur, *pornografie, seksspeeltjes* of *dirty talk* kunnen helpen. Vaak klopt de chemie tussen twee mensen echter gewoon en dan lukt het zelfs als het doodstil is en er een tl-buis brandt.

AFTREKKEN //

Spreektaal voor *zelfbevrediging* bij mannen.

AIDS //

Afkorting van de Engelse term *Acquired Immune Deficiency Syndrome*, in het Nederlands: overdraagbare immuniteitsziekte. Veroorzaker van deze dodelijke ziekte is het HI-virus (Engels: *Human immunodeficiency virus*), dat hoofdzakelijk door lichaamsvloeistoffen zoals bloed, *sperma,* vaginaal vocht en wondvocht wordt overgedragen. Of je nu vaginale, orale *(orale seks)* of anale seks *(anale seks)* hebt – zelfs kleine verwondingen van het slijmvlies maken een infectie mogelijk. Als je geïnfecteerd bent, vermeerdert het HI-virus in het lichaam en wordt het immuunsysteem aangevallen. Het lichaam verzet zich een tijd tegen het virus, maar ten slotte lukt

Trouwens, ook veel geneeskundige diensten doen HIV-testen. Voordeel: deze service is gratis en anoniem.

dat niet meer en breekt aids uit. Ook al is de levensverwachting van geïnfecteerde mensen tegenwoordig duidelijk hoger door de medische vooruitgang, toch kan aids nog steeds niet genezen worden. Het is dus belangrijk om een besmetting te voorkomen en dat gaat alleen met *condooms,* met andere woorden met *veilige seks.* Het HI-virus wordt niet overgedragen door handen schudden, zweet, tranen, *kussen* (voor zover daar geen bloed bij betrokken is), muggen- en bijensteken of als je toiletten, handdoeken en beddengoed deelt. Als je je er zorgen over maakt dat je misschien besmet bent, kun je bij een *gynaecoloog,* huisarts of een arts voor huid- en *geslachtsziekten* een *HIV*-test laten doen. Bij deze test wordt je bloed onderzocht op antilichamen. Die ontstaan binnen 12 weken na de besmetting als reactie op het HI-virus en kunnen daarom pas drie maanden na een eventuele infectie vastgesteld worden. Als er antilichamen worden gevonden, ben je *HIV*-positief, als ze niet worden gevonden, ben je *HIV*-negatief.

→ *geslachtsziekten*

AMAZONEHOUDING //

Populair *standje,* waarbij hij op zijn rug ligt en zij op hem zit. In deze positie bepaalt zij het tempo en de diepte van

de *penetratie (geslachtsgemeenschap)*.
Als ze naar achteren leunt en met haar
handen naast hem steunt, stimuleert de
penis haar *g-spot*. Haar partner kan tegelijkertijd haar *clitoris* strelen.

ANALE SEKS //

Anale seks is *geslachtsgemeenschap*,
waarbij de *penis* in de anus wordt ingebracht. Het komt veel voor bij homofiele
seks (homoseksualiteit), maar er zijn ook
hetero's *(heteroseksualiteit)* die het fijn
vinden. Anale seks is niets voor beginners, want het doet vaak pijn als de anus
opgerekt wordt. Niet iedereen vindt dat
fijn *(masochisme)*. Als je het toch wilt
proberen, is het belangrijk dat je het uit
vrije wil doet. Een gouden regel is dat je
absoluut een *condoom* moet gebruiken,
want anale seks bevordert de versprei-
ding van schimmels en ziekteverwekkers,
die *hepatitis* en *aids* kunnen veroorzaken
(geslachtsziekten). Je kunt ook infecties
oplopen als je meteen wisselt van anus
naar schede, omdat daardoor darmbacte-
riën in de *vagina* terechtkomen.
Glijmiddelen zorgen voor soepelheid.
Deze mogen echter geen vet bevatten,
omdat oliehoudende substanties het condoom aantasten. Als het zover is, is het
belangrijk om langzaam te beginnen. Als
opwarmertje kan je partner je anus een

beetje oprekken met zijn *eikel*. Als jullie echt beginnen, moet hij voorzichtig bewegen, zodat hij je niet verwondt.
→ *seksvariaties*

ANOREXIA //

of anorexia nervosa is een *eetstoornis*. Hoewel anorexiapatiënten graag voor anderen koken en bakken, speelt honger lijden bij hen de hoofdrol. Om de pondjes sneller kwijt te raken sporten ze vaak heel veel of geven ze over. Naast moeheid en bloedcirculatieproblemen ontstaan hormonale stoornissen, die de lichamelijke ontwikkeling tijdens de *puberteit* kunnen remmen. Op lange termijn leidt anorexia onder andere tot depressies, dalende botdichtheid en het uitblijven van de *menstruatie*. Sommige meisjes gaan er zelfs dood aan, omdat hun verzwakte lichaam niet meer in staat is om tegen infecties te vechten.

A TERGO //

betekent gewoon 'van achteren' en wordt gebruikt voor meerdere variaties van *geslachtsgemeenschap*, zoals bijvoorbeeld de *hondjeshouding* en de *lepeltjeshouding*.

BALLEN //

Onder de *penis* zit de balzak. Hierin zitten de ballen, die in de *puberteit* beginnen met de productie van *sperma* en *hormonen.* De ballen zijn heel gevoelig voor pijn en niet elke jongen vindt het prettig als hij daar tijdens het vrijen wordt aangeraakt.
→ *geslachtsorganen*

BEDRIEGEN // → *vreemdgaan*

BEFFEN // → *orale seks*

BEHA //

Afkorting voor bustehouder en in eerste instantie bedoeld om de vrouwenborst in bedwang te houden. Of je een beha nodig hebt, is afhankelijk van de grootte van je *borsten.* Zijn ze klein en stevig, dan hoef je niet per se een beha te dragen, al is het toch wel beter. Als je een grotere maat hebt, is een beha absoluut nodig,

omdat deze je borsten ondersteunt en voorkomt dat je hangborsten krijgt. Er zijn beha's met en zonder beugel. Beha's zonder beugel zitten heel prettig en zien er natuurlijk uit. Met beugelbeha's kun je geweldige trucjes uithalen, want ze vormen en tillen de borst op met een ingenaaid u-vormig staafje. Sommige beugelbeha's hebben watten- of gelpads (pushupbeha's), waardoor de borsten groter lijken, andere modelleren de borsten (voorgevormde beha's). Door minimizers lijken grote borsten kleiner, beha's zonder schouderbandjes worden onder strapless kleren gedragen en multifunctionele beha's hebben afneembare, soms transparante schouderbandjes, die op veel manieren vastgemaakt kunnen worden en daarom onder veel verschillende topjes en shirts passen. Voor sportievelingen zijn er speciale sportbeha's, die veel steun geven. Kanten beha's kunnen het beste onder losse bovenkleding gedragen worden en daar mag gerust een stukje van te zien zijn. Onder aansluitende shirts en topjes kun je het best gladde lingerie van microvezels dragen, die nauwelijks zichtbaar is. Als de maat van je beha goed is, knelt hij niet. De maat bestaat uit de onderborstomvang (de omvang van je borstkas onder je borsten, die in centimeters wordt gemeten) en je borstwijdte (dat is de grootte van de cups die je bor-

Een calculator, die de juiste lingeriemaat voor je uitrekent, vind je op het internet onder www.just4woman.nl/index.php

sten omhullen; maten hierin zijn a, b, c, d enzovoort). Lingerieverkoopsters helpen je graag verder. En tegen iedereen die wanhopig is, kunnen we zeggen: er is voor elk paar borsten een passende beha.

BESNIJDENIS //

Als jongens geboren worden, is het topje van hun *penis,* de *eikel,* bedekt door de *voorhuid.* Als deze operatief wordt verwijderd, wordt dat een besnijdenis genoemd. Bij joden en moslims is het een religieus gebruik. In onze streken wordt een besnijdenis meestal bij een fimosis toegepast. Een fimosis is een te nauwe *voorhuid,* die niet of maar een stukje over de *eikel* geschoven kan worden, waardoor een jongen veel pijn bij *seks* heeft. Tegenwoordig laten veel mannen zich ook wel om hygiënische redenen opereren, want een besneden *penis* is gemakkelijker schoon te houden.

BINGE EATING // → *eetbuien*

BISEKSUALITEIT //

Als iemand zowel op jongens als op meisjes valt, is hij of zij biseksueel, afgekort: bi. De redenen daarvoor zijn tot nu toe niet duidelijk. De psychoanalyticus Sigmund Freud geloofde dat we van nature allemaal biseksuele neigingen hebben, maar dat die door maatschappelijke dwang en taboes worden verdrongen. Het kan dus gebeuren dat je heel enthousiast bent over een jongen en tegelijkertijd *verliefd* wordt op een meisje. Dat kan jongens net zo goed overkomen. Het is begrijpelijk dat zulke gevoelens verwarrend zijn. Praten helpt, bij voorkeur met iemand die je vertrouwt. Je kunt ook steun krijgen bij de gratis kindertelefoon. (Het internetadres vind je achter in dit boek.)

BLAUWTJE //

Je hebt aan je idool opgebiecht dat je hem leuk vindt, en hij wil niets van je weten? Dat is natuurlijk heel vervelend, maar je moet er geen spijt van hebben. Het is veel erger als je achteraf spijt hebt van gemiste kansen. Als je een blauwtje hebt gelopen, hoe pijnlijk dat in het begin ook kan zijn, ben je dat meestal snel weer vergeten. Tenslotte weet je daarna waar je aan toe bent en kun je je richten op de knappe zoons van andere moeders. Het is natuurlijk heel vervelend als mister Right een idioot blijkt te zijn die je uitlacht om je *liefdesverklaring* en het misschien aan zijn vrienden vertelt. In dat geval helpt maar één ding: cool blijven. Jij bent niet de loser, maar hij, want blijkbaar is hij te kinderachtig om met jouw eerlijkheid om te gaan.

'Ik had het gevoel dat Oliver me heel leuk vond, maar toen ik hem eindelijk durfde te vragen of hij zin had om samen met mij naar de bioscoop te gaan, draaide hij zich gewoon om en lachte hij me uit. Het eerste moment dacht ik dat ik doodging. Maar daarna vond ik dat hij zich gewoon stom gedroeg en voelde ik me er niet rot meer over.'

Katrin Sophie, 13

BLIND DATE //

Afspraakjes tussen mensen die elkaar nog nooit ontmoet hebben, worden blind dates genoemd. Ze ontstaan meestal via het internet, zijn verschrikkelijk spannend en soms ook teleurstellend, omdat iemand die in je fantasie een prins was, een kikker blijkt te zijn. Je moet goed nadenken voordat je met een vreemde afspreekt, want er zijn niet alleen prinsen en kikkers op het internet, maar ook dubieuze figuren. Als iemand op het internet dubbelzinnige opmerkingen maakt, precies wil weten hoe je eruitziet of misschien zelfs intieme details vraagt, moet je het contact meteen verbreken en aan de netwerkbeheerder, je ouders of een leraar vertellen wat er is gebeurd. Geef iemand die je online leert kennen nooit meteen je adres en telefoonnummer. Als je met iemand afspreekt, is het belangrijk om dat overdag en op een openbare plek te doen. Klinkt dat alsof de wereld slecht en meedogenloos is? Dat is natuurlijk niet zo, maar er zijn helaas veel zwarte schapen. Geniet dus van het leven, maar wees slim!
→ *date*

BLOWJOB // → *pijpen*

BORDEEL //

Dit is een voorziening, van de overheid of particulier, waarin *prostituees* seksuele diensten aanbieden. Een andere naam is 'huis van plezier'.

BORSTEN //

In de *puberteit* verandert je borstkas in een heuvellandschap. Vaak ontwikkelt één kant zich sneller dan de andere en ook volgroeide borsten zijn niet altijd even groot. Of je borsten zacht of stevig, groot of klein worden, is een kwestie van het percentage aan lichaamsvet en je genen. Puur biologisch gezien, hebben borsten de taak om een baby van melk te voorzien, maar ze zijn er natuurlijk ook om de jongens het hoofd op hol te brengen. Natuurlijk verschillen de smaken: sommige jongens houden van weelderige, ronde borsten, anderen vallen op langwerpige, zachte borsten of kleine, puntige borsten. Belangrijk is vooral dat je zelf van je borsten houdt. Maak je geen zorgen als ze er niet uitzien zoals in de modebladen. Maar heel weinig vrouwen hebben zulke prachtexemplaren en veel modellen dragen borstimplantaten. Sommige onderzoekers geloven dat grote borsten minder gevoelig zijn dan kleine, omdat de zenuwuiteinden bij grote borsten over een grotere oppervlakte verdeeld zijn.

Klein of groot: sommige borsten zijn heel gevoelig en reageren al op de kleinste aanraking met kippenvel en stijve *tepels (erogene zones)*, sommige reageren nauwelijks. Dat is allemaal heel gewoon. Als je voor en tijdens je *menstruatie* een gespannen gevoel in je borsten hebt, is dat geen reden om je zorgen te maken. Door de hormonale *(hormonen)* verandering verzamelt zich water in het bindweefsel van de borsten, waardoor ze tijdelijk opzwellen.

BOULIMIE //

oftewel eet-braakzucht. Bij deze *eetstoornis* eet je in korte tijd grote hoeveelheden voedsel die je daarna weer uitbraakt om op gewicht te blijven of om af te vallen. Sommige lijders aan boulimie hongeren zichzelf af en toe uit, sporten heel veel of slikken pillen die bij het afvallen schijnen te helpen. Boulimie kan onder andere leiden tot tandbederf, haaruitval en ontstekingen van de slokdarm.

BUTTPLUG //

Dat is een soort *dildo*, die gebruikt wordt voor anale bevrediging *(anale seks)*. Er zijn buttplugs met en zonder *vibrator*. Om pijn te vermijden wordt dit *seksspeeltje* meestal van zacht materiaal, zoals silicone, gemaakt.

CLITORIS // → *geslachtsorganen*

COITUS INTERRUPTUS //

(Latijn voor 'onderbroken *geslachtsge-meenschap'*). Verouderd *voorbehoedmiddel,* waarbij de jongen kort voor de *zaadlozing* zijn *penis* uit de schede *(geslachtsorganen)* van het meisje trekt.

COMING-OUT //

Dit is de fase waarin iemand toegeeft dat hij *homoseksueel* is. Vrouwen die van vrouwen houden, zijn *lesbisch,* een homoseksuele man is een homofiel. De weg naar de coming-out begint vaak in de *puberteit.* Hoe moeizaam en lang die is, hangt vooral van de omgeving af. Wie ruimdenkende ouders en vrienden heeft, heeft geluk – sommige homoseksuelen houden hun geaardheid een leven lang voor zich, omdat ze niet in staat zijn om de verwachtingen die hun omgeving van ze heeft te negeren.

CONDOOM //

of preservatief. Dit is een dun omhulsel van rubber, dat als *voorbehoedmiddel* en als bescherming voor *geslachtsziekten* over de *penis* wordt geschoven.
Condooms kunnen zonder recept worden gekocht in drogisterijen, apotheken enz. Ze zijn veilig als je je aan de volgende regels houdt:

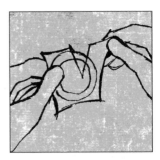

★ Bij de aankoop of het openmaken de houdbaarheidsdatum controleren en alleen producten met het logo CE en een keuringsnummer kopen.

★ Omdat condooms geen hitte verdragen, nooit in de buurt van een verwarming of in de zon bewaren.

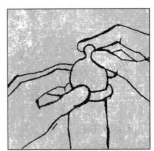

★ Het condoom niet in je broekzak of portemonnee bewaren, omdat het daar in elkaar geperst wordt en beschadigd kan raken.

★ Verpakking voorzichtig openmaken (geen scharen of messen gebruiken) zodat je het condoom niet beschadigt.

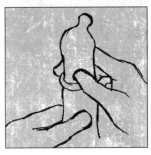

★ Alleen met schone, *sperma*vrije handen vasthouden.

★ Condooms bestaan uit latex en kunnen scheuren en/of van de *penis* glijden als ze worden gecombineerd met vettige substanties of crèmes. Daarom altijd in water oplosbare *glijmiddelen* gebruiken en de gebruiksaanwijzing zorgvuldig lezen.

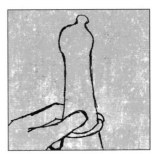

Als het condoom toch zou scheuren, kun je achteraf naar de huisarts gaan voor de *morning-afterpil.*

★ Let erop dat de maat van het condoom bij de grootte van de *penis* past.

★ Het condoom op tijd, dus meteen na de *erectie,* omdoen.

★ Bij het omdoen het condoom met de juiste (afrolbare) kant op de *eikel* plaatsen. Voor en tijdens het afrollen het reservoir aan de bovenkant van het condoom met duim en wijsvinger dichtdrukken. Als je dat vergeet, kan daar lucht blijven zitten en kan het condoom tijdens de *geslachtsgemeenschap* scheuren. Het condoom voorzichtig tot de basis van de *penis* afrollen. Daarna testen of er geen lucht in het reservoir zit, want alleen dan is er voldoende plaats voor het *sperma.*

★ Als het condoom per ongeluk verkeerd om op de *eikel* wordt geplaatst, moet je bij de tweede poging een nieuwe gebruiken, omdat er ook al voor de eigenlijke *zaadlozing sperma*houdend vocht uit de *eikel* kan komen *(voorvocht).*

★ Als je het gevoel hebt dat het condoom glijdt, tussendoor met je hand voelen of het nog goed zit.

★ Na de *zaadlozing* de *penis* meteen uit de schede trekken, waarbij je het condoom bij de penisschacht vastpakt, zodat het niet in de schede blijft steken. Als je je *penis* uit de schede haalt, moet deze nog stijf zijn. Is hij al slap, dan kan er *zaadvloeistof* uit het condoom lopen.

★ Om er zeker van te zijn dat er na de *geslachtsgemeenschap* geen *sperma* in de schede terechtkomt, moeten jullie na het weggooien van het condoom absoluut jullie handen wassen en met een schone handdoek goed droogwrijven.

★ Hoezo, dubbel genaaid houdt beter? Twee condooms over elkaar dragen geeft absoluut niet meer veiligheid. In tegendeel, ze gaan zelfs veel sneller kapot dan als je er één gebruikt.

CUNNILINGUS //

(Latijn: cunnus is 'vrouwelijke schaamstreek' en lingua is 'tong'.) Dit is een vorm van *orale seks,* waarbij de *schaamlippen* en de *clitoris (geslachtsorganen)* met de tong en de lippen worden geliefkoosd. De *clitoris* is bijzonder gevoelig voor aanrakingen.

→ *seksvariaties*

'Mijn vriend vindt het helemaal geweldig om me met zijn tong te verwennen. Maar ik vind het niet zo fijn. Hij zegt dat ik preuts ben als ik het niet wil. Maar als ik het niet prettig vind, moet hij dat toch accepteren?'

Sophia, 17

CYCLUS // → *menstruatie*

»VLINDERS IN JE BUIK!«

DATE //

Een Engels en natuurlijk veel cooler woord voor afspraakje.

→ *blind date*

TIPS VOOR DE EERSTE DATE

Toon interesse in datgene wat je vlam vertelt, misschien door te knikken of verdere vragen te stellen. Kijk hem daarbij in zijn ogen.

Trek kleren aan waarin je je prettig voelt.

Klets je vlam de oren niet van het hoofd, maar hoor hem ook niet uit. De combinatie is belangrijk.

DECOLLETÉ //

Halsuitsnijding bij vrouwenkleding waardoor, afhankelijk van de grootte, *borsten*
en rug meer of minder opvallen.
Sommige decolletés flatteren het figuur,
anderen zijn eerder onvoordelig. Grote
borsten lijken minder zwaar in ruime
decolletés, in hooggesloten topjes en
shirts lijken ze nog weelderiger.
Wikkeldecolletés maken van elk paar borsten een blikvanger en toveren een slanke
taille. Met een boothals lijken brede heupen optisch smaller.

DE EERSTE KEER //

Je bent ouder dan 16 en hebt het nog niet gedaan? Dat is helemaal niet erg, tenslotte is volwassen worden geen wedstrijd en – ook al willen sommigen je iets anders wijsmaken – er is geen leeftijdsgrens waarop je het eindelijk gedaan moet hebben. Als je nog niet zover bent, hoef je jezelf niet te verdedigen. Dat je met je maagdelijkheid *(maagd)* niet alleen bent, bewijst het onderzoek van dokter Sommer, 'liefde, lichaam, seksualiteit' uit 2007, waarvoor aan bijna 1500 jongeren tussen 11 en 17 jaar werd gevraagd wanneer ze het voor het eest hadden gedaan. Het geruststellende resultaat: 73% van de meisjes is op haar 17de ontmaagd. Je kunt dus ontspannen achteroverleunen. Alleen als je er *behoefte* aan hebt om met een jongen naar bed te gaan, is het een fijne ervaring. Als je gespannen bent, verkrampt je *vagina* en wordt ze misschien niet wijd en vochtig genoeg om de *penis* op te kunnen nemen.

→ *geslachtsgemeenschap*

'Ik had gedacht dat de eerste keer veel hartstochtelijker zou zijn.'

Frederike, 17

'Hij liefkoosde me en kleedde me langzaam uit. Toen hij in me binnendrong, deed het helemaal geen pijn. Hij zei tegen me dat hij zoveel van me hield. Het was een prachtig moment.'

Maike, 16

'Ik was 13 en mijn vriend 15. We wilden met elkaar naar bed, maar het ging niet omdat het zoveel pijn deed bij mij.'

Janina, 18

Hieronder een paar belangrijke tips voor een gelukte eerste keer:

Zorg op tijd dat je een *voorbehoedmiddel* hebt en doe aan *veilige seks.*

... van de eerste keer kun je niet zwanger raken.

Zodra je menstrueert en er dus een bevruchtbaar eitje in je rijpt, kun je zwanger raken. Dit kan ook al voor je eerste menstruatie het geval zijn.

Wees kieskeurig, je partner moet echt om je geven. Het beste bewijs: hij wil graag met je naar bed, maar zet je niet onder druk. En hij denkt mee over *voorbehoedmiddelen.* Hij regelt bijvoorbeeld de *condooms,* weet hoe je ermee omgaat en gebruikt ze zonder dat je erom moet vragen.

De plek moet goed zijn. Ideaal is een plek waar jullie je prettig voelen en niet gestoord worden.

Verwacht niet te veel. Misschien voel je op het moment van de *penetratie* een lichte pijn, krijgt hij meteen een *orgasme* en voel jij helemaal niets. Maak je geen zorgen. Net als voor *zoenen* en fietsen geldt voor *seks* ook: oefening baart kunst!

Neem de tijd, fijne *seks* krijg je pas door de juiste stemming.

DESSOUS //

(Frans voor 'onder'.) Een elegante uitdrukking voor verleidelijk (kanten)
ondergoed. Bijzonder gewaagd gesneden
modellen worden ook wel erotische of
sexy lingerie genoemd. Ondergoed dat
teer en soms transparant is, kan *borsten*
en billen heel opwindend benadrukken.

DIAFRAGMA // → *voorbehoedmiddel*

DILDO //

(van het Italiaanse *diletto* = in vervoering
brengen). Kunst*penis,* waarmee je je partner of jezelf kunt bevredigen *(zelfbevrediging).* Dildo's zijn er in allerlei vormen,
kleuren en materialen. Sommige zijn erg
stijf, andere zijn superelastisch.
Zogenaamde strap-ons zijn dildo's die je
om kunt binden en die vooral door vrouwen worden gebruikt om daarmee andere
vrouwen of mannen te penetreren. Op
dildo's lijkende *seksspeeltjes* waren er al
in de oudheid. Zo'n 2000 jaar geleden
experimenteerden de Egyptenaren met
dildo's van klei, in het oude China waren
porseleinen modellen populair. Tegenwoordig worden dildo's bij voorkeur
gemaakt van acrylglas, aluminium, roestvrij staal, glas, graniet, ahornhout, silicone of natuurlatex. Dildo's moeten na

gebruik grondig schoongemaakt worden en als je ze samen gebruikt, moet je er uit voorzorg een *condoom* omheen doen.

DIRTY TALK //

is bedoeld om tijdens de *seks* allebei opgewonden te raken. In het Nederlands vertaald betekent dirty talk letterlijk 'vieze
praatjes'. Hoe 'dirty' het mag zijn, hangt
af van je sekspartner, want niet iedereen
vindt alles even leuk om te horen. Ver-
bale *erotiek* is een kwestie van oefenen.
Wie wil, kan schaamtedrempels overwinnen door droog te oefenen. Denk erover na
waar je bij *seks* heel erg opgewonden
van raakt en bedenk zinnen die je hardop
uitspreekt. Als je jezelf op die manier voor-
bereidt, komt dirty talk later tijdens de
seks veel gemakkelijker over je lippen.
→ *telefoonseks*

Het is belangrijk dat je je bij dirty talk prettig voelt en dat je woorden en zinnen zoekt die bij je passen.

DOMINA //

(Latijn voor 'meesteres'.) Sommige mannen vinden het opwindend als ze door

een vrouw worden vernederd, dus bijvoorbeeld worden geslagen of met de zweep krijgen. Een domina doet ze dat plezier, maar laat zich daarvoor betalen. Hoe ver die vernederingen gaan, is afhankelijk van de wensen van de klant. De pijn die hij daarbij voelt, is opwindend voor hem.

→ *masochisme*

DROOMFIGUUR //

Natuurlijk, wie wil er niet graag uitzien als Kate Moss of Naomi Campbell? Overigens moeten veel sterren hard trainen voor hun perfecte vormen en moeten ze zich ook met eten heel erg inhouden. Een goede reden om medelijden met ze te hebben, want met een paar kilo meer op je ribben heb je meteen een veel prettiger leven, als je tenminste tevreden bent met je rondingen. Wie er problemen mee heeft, moet bedenken dat modefoto's geretoucheerd worden en maar weinig vrouwen zo perfect zijn als ze in de tijdschriften lijken. Met de computer wordt de kleur van de ogen geïntensiveerd, moedervlekken verwijderd, rimpels verminderd of benen verlengd. Bovendien is schoonheid relatief. Sommige jongens houden van lange, magere meisjes met kleine *borsten,* anderen van kleine, stevige meisjes met flinke rondingen. Hoe je er

Iedereen is een klein kunstwerk, een heel individuele combinatie van uiterlijk en persoonlijkheid. Als je dat hebt begrepen, krijg je automatisch een sexy uitstraling – ook zonder modelmaten.

ook uitziet – je zult nooit iedereen bevallen. Bovendien word je niet bepaald vrolijk van honger lijden, want het is geen pretje om je altijd in te moeten houden. Wat heb je bovendien aan een ultradun figuurtje, als de jongen op wie je verliefd bent ervandoor gaat met een klein, mollig meisje, omdat hij dat nu eenmaal mooier vindt. Dat betekent natuurlijk niet dat je niet op jezelf hoeft te letten en dat je jezelf moet verwaarlozen. Maar meer dan regelmatige lichaamsverzorging, een paar uur sport per week en een uitgebalanceerde voeding is echt niet nodig.

DRUIPER // → *geslachtsziekten*

EERSTE LIEFDE //

Of je er nog verlangend op wacht of dat je het al achter de rug hebt: de eerste liefde is altijd iets heel bijzonders. Daarmee begint een opwindende tijd vol nieuwe ervaringen.

→ *liefde*

EETBUIEN //

Dit is een *eetstoornis,* waarbij ongecontroleerde hongeraanvallen ontstaan. Als je hieraan lijdt, kom je aan, omdat je niet uitbraakt wat je hebt gegeten, wat bij *boulimie* wel gebeurt. Uit schaamte wordt vaak stiekem gegeten, waarna je last krijg van schuldgevoelens en zelfwalging. Bij sterk overgewicht kun je hart- en vaatziekten, gewrichtsklachten, wervelkolombeschadigingen en diabetes mellitus (suikerziekte) krijgen.

EETSTOORNISSEN //

In de *puberteit* begint het lichaam te veranderen. Het groeit in de lengte, maar ook
in de breedte. Meisjes krijgen *borsten* en
rondere heupen en dat is soms eng. Omdat bovendien het actuele schoonheids-
ideaal vrouwen met ondergewicht propa-
geert, is het voor veel meisjes moeilijk om
hun rondingen te accepteren. Dat kan ont-
aarden in eetstoornissen zoals *anorexia,
boulimie* en *binge eating.* Naast uiterlijke
redenen speelt ook angst voor het volwassen worden een rol. Soms ligt de oorzaak echter ook in het gezin. Misschien
sta je thuis onder grote prestatiedruk of
kun je niet open over je problemen praten.
Wat het ook is: eetstoornissen zijn een
doodlopende straat. Wie zichzelf voortdurend uithongert en daardoor moe en
verzwakt is, trekt zich terug en wordt op
een bepaald moment ziek. Ook overwicht
heeft invloed op je plezier in het leven.
Het is natuurlijk hartstikke vervelend als
iedereen in bikini bij het water te vinden
is en jij alleen in je kamer zit omdat je je
schaamt. Als je het gevoel hebt dat je aan
een eetstoornis lijdt, of als je altijd met
eten en afvallen bezig bent, moet je absoluut hulp zoeken. Er zijn overal adviesbureaus, waar deskundige mensen zitten die
je met veel begrip met raad en daad bij-
staan. Anorexiapatiënten vinden zichzelf
meestal niet ziek. Als je een vriendin met

'Als ik iets gegeten heb, voel
ik me altijd heel rot. Dan zou
ik het liefst nooit meer iets
eten.

Tanja, 15

anorexia hebt en je haar wilt helpen, kun je het beste naar een adviesbureau gaan. Daar vertellen ze je wat je kunt doen.

EIKEL //

Dit is het bovenste, verdikte deel van de *penis*. Bij een slap, onbesneden geslacht wordt deze helemaal of gedeeltelijk bedekt door de *voorhuid (besnijdenis)*. Bij een *erectie* glijdt de *voorhuid* naar achteren en komt de eikel bloot te liggen. Omdat de eikel heel gevoelig is voor aanrakingen, is het een *erogene zone*.
→ *geslachtsorganen*

EJACULATIE // → *zaadlozing*

ERECTIE //

Als jongens seksueel opgewonden zijn, is dat niet over het hoofd te zien, want ze krijgen een erectie (Latijn voor 'oprichten'). In duidelijke taal betekent dat: de zwellichamen van hun *penis* vullen zich met bloed, waardoor deze omhoogkomt. Als een *penis* stijf is, is hij gemiddeld 2 tot 4 keer zo lang en 1 tot 3 keer zo dik als in slappe toestand. Het doel van een erectie is dat de *penis* bij de *geslachtsgemeenschap* in de *vagina (geslachtsorganen)* kan binnendringen. Normaal gesproken blijft een *penis* stijf tot de *zaadlozing,* daarna verslapt hij. Het kan gebeuren dat een jongen heel veel zin heeft, maar dat hij geen erectie krijgt of dat deze te zwak is voor de geslachts- daad. Vaak komt dat doordat een jongen gespannen is, misschien omdat hij zenuw- achtig is of omdat hij het goed wil doen. Misschien heeft hij ook gewoon te weinig ervaring. Hoe dan ook, als zijn kleine vriend niet functioneert, is dat ontzettend gênant voor hem. Als je de situatie wilt redden, toon dan begrip en haal de druk weg door hem te vertellen dat je het niet erg vindt. Wie weet, misschien lukt het dan toch nog.

EROGENE ZONES //

Dit zijn lichaamsdelen die reageren met seksuele *opwinding (lust)* als ze gestreeld worden. Dat kunnen de oksels, de *tepels,* de binnenkanten van de dijen, de oren, de nek of de voeten zijn. Bij meisjes horen daar ook de *clitoris,* die ook *kittelaar* wordt genoemd, en de *g-spot* bij. Bij jon- gens zijn vooral de *penis* en *ballen* ge- voelig. Hoe sterk je op aanrakingen rea- geert, is afhankelijk van je stemming. Bo- vendien is niet ieder mens overal even ge- voelig. Waar jouw persoonlijke erogene zones liggen, ontdek je door *zelfbevredi- ging* en *petting.*

★ MIDDELMATIG
★ STERK
★ ZEER STERK

EROTIEK //

Dit woord stamt af van het Griekse woord 'eros', wat in het Nederlands *liefde* betekent. Erotiek ontstaat als er *seks* in de lucht hangt. Dit wordt vooral door lichaamstaal aangewakkerd. Ook kaarslicht en zachte muziek verhogen de erotiek.

EROTISCHE LINGERIE // → *dessous*

EXHIBITIONIST //

Als iemand het opwindend vindt om zich naakt te laten zien of bekeken te worden als hij *seks* heeft, is hij een exhibitionist. Als je door zo iemand wordt lastiggevallen, is hij strafbaar. Het tegenovergestelde van een exhibitionist is een *voyeur*.

FELLATIO // → *pijpen*

FEMME FATALE //

(Frans voor 'gevaarlijke vrouw'.) Een femme fatale is een rijpe, seksueel geïnteresseerde vrouw met een sterke erotische uitstraling *(erotiek)*. De femme fatale weet hoe ze mannen om haar vinger moet winden. Haar aantrekkingskracht ligt niet per se in haar fantastische figuur, maar eerder in haar *sexappeal*. Ze weet wat ze wil en wat ze te bieden heeft. En dat is verleidelijk.

FETISJ //

Voorwerpen waarvan mensen denken dat ze positieve of magische krachten hebben, worden fetisjen genoemd. Iemand die deze voorwerpen vereert, is een fetisjist. Sommige fetisjisten zijn gefixeerd op heel bepaalde lichaamsdelen of kledingstukken, omdat ze opgewonden raken als ze ernaar kijken. Zulke seksfetisjen kunnen voeten en *borsten* zijn, maar ook *erotische lingerie* zoals netkousen of kanten slipjes.

FLIRTEN //

Een lange blik, een veelzeggend lachje, een complimentje – wie flirt, zendt signalen uit die de ander vertellen: ik vind je sexy, ik vind je leuk! Flirten is vaak spontaan en vrijblijvend. Dat betekent dat het niet altijd met serieuze interesse te maken heeft. Soms ontstaat er een wilde nacht of een *relatie* uit een flirt. Vaak blijft het echter bij een onschuldige maar opwindende uitwisseling van blikken, gebaren, plagerijen of charmante opmerkingen.

FLIRTTIPS

Wees eerlijk en probeer je tekortkomingen op een grappige manier te beschrijven.

Help, je weet niets meer te zeggen. Niets is pijnlijker dan dat! Probeer saaie vragen zoals 'En, wat heb jij voor hobby's?' te vermijden. Beter is: 'Wow, wat is dat ijs lekker, bijna net zo heerlijk als in Italië. Ben jij daar al eens geweest?'

FRANS //

Als je op z'n Frans met elkaar vrijt, doe je aan *orale seks.*

FRIGIDE //

(Frans voor 'koel' of 'koud'.)
Neerbuigende uitdrukking voor vrouwen die weinig of geen zin in *seks* hebben en die ook nogal onverschillig blijven als hun *erogene zones* worden aangeraakt. Er wordt gezegd dat ongeveer 35% van alle vrouwen op een bepaald moment geen zin in *seks* heeft, wat zich meestal weer herstelt. Oorzaken voor het gebrek aan *libido* kunnen psychische problemen, bij-werkingen van bepaalde medicijnen of doorbloedingsstoornissen zijn. Maar ook ongevoelige jongens of achterhaalde mo-rele ideeën, zoals 'Dat doet een net meisje niet', zijn dodelijk voor de hartstocht. Niet iedere vrouw heeft evenveel interesse in *seks.* De een wil altijd en overal, de ander heeft daarvoor de juiste plek en een bepaalde sfeer nodig. Ook een ontspan-nen verhouding met je eigen lichaam en *zelfbevrediging* kunnen je liefdesleven verrijken.

» DON'T CRY BECAUSE
IT'S OVER – SMILE
BECAUSE IT HAPPENED! «

GANGBANG //

Als meerdere mannen met één vrouw *seks* hebben, heet dat gangbang (Engels: gang = groep en bang = vulgair voor *geslachtsgemeenschap* hebben).
→ *groepsseks*

GEIL //

Het is nauwelijks te geloven, maar dit woord bestaat al sinds de achtste eeuw. Destijds betekende het 'overmoedig' of 'arrogant'. Sinds de vijftiende eeuw betekend geilheid ook seksuele begeerte, wat ertoe leidde dat het begrip een ordinaire bijklank kreeg. Tegenwoordig noemen we alles wat ons prikkelt of ons heel erg bevalt geil.

GESLACHTSGEMEENSCHAP //

Als een jongen met zijn stijve *penis* in de schede *(geslachtsorganen)* binnendringt en daarin net zo lang heen en weer beweegt tot hij een *zaadlozing* krijgt, spreek je over geslachtsgemeenschap (geslachtsdaad, coïtus, copulatie of bijslaap). Biologisch gezien is dit bedoeld voor de voortplanting, maar meestal ga je met elkaar naar bed omdat het fijn is en je je heel dicht bij de ander voelt. Bevredigende *seks* heeft veel met ervaring te maken. Het is belangrijk dat je weet hoe en waar je aangeraakt wilt worden, en dat ontdek je het best door *zelfbevrediging.* Omdat er bij *seks* nu eenmaal twee betrokkenen zijn, mag je je partner rustig vertellen wat je prettig vindt. Hoe vaker jullie met elkaar naar bed gaan, des te beter weet je op welke 'knopjes' je bij de ander moet drukken of in welke *standjes* jullie allebei het meeste plezier hebben. Daarom wordt *seks* pas in de loop van een *relatie* echt spannend. Als een vrouw heel opgewonden is, kan een *vluggertje* heerlijk zijn. Omdat bij de geslachtsgemeenschap *sperma* in de schede terechtkomt, kun je daardoor zwanger raken *(zwangerschap). Voorbehoedmiddelen* zijn dus verplicht. En niet vergeten: *veilige seks* beschermt tegen *geslachtsziekten.*

GESLACHTSORGANEN //

Deze zijn in eerste instantie bedoeld voor de voortplanting. Tot de geslachtsorganen van de vrouw behoren de vulva, de *vagina* of schede, de baarmoeder, de eierstokken en de eileiders. De beste manier om het

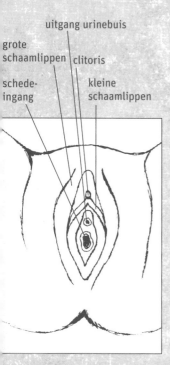

uitgang urinebuis

grote
schaamlippen clitoris

schede-
ingang

kleine
schaamlippen

Vrouwelijke geslachtsorganen
(buitenste)

zichtbare deel van je geslachtsorganen te
leren kennen, is ze met een spiegel bekijken. Daarvoor kun je het beste op de grond
gaan zitten en de spiegel tussen je dijen
houden. Wat je nu ziet, zijn de buitenste
geslachtsorganen, die ook vulva genoemd
worden, de zachte verdikking daarboven
is de venusheuvel. De langwerpige huid-
plooien, die van de venusheuvel in de
richting van de anus lopen, heten de
grote *schaamlippen*. Zij hebben als taak
om de organen die ertussen liggen te beschermen. Tijdens de *puberteit* worden ze
groter en krijgen ze haren *(schaamharen)*.
De kleine *schaamlippen* ertussen verschillen van vrouw tot vrouw. Ze kunnen
licht of donker zijn en zijn onregelmatiger
en dunner dan hun grote zussen. Deze
groeien ook tijdens de *puberteit*. Vaak
wordt de een groter dan de ander en soms
steken ze tussen de grote *schaamlippen*
uit. Dat is heel normaal en absoluut geen
schoonheidsfout, dus niet iets waarvoor
je je moet schamen. De kleine *schaamlippen* vormen aan de bovenkant een kapje,
waaronder de *clitoris* zit. Tot het zichtbare
deel van de *clitoris* horen de schacht en
de *eikel,* die ongeveer 10% van de totale
grootte uitmaken. Omdat ze voorzien is
van zo'n 8000 zenuwen, is de *clitoris* heel
gevoelig en wordt ze daarom ook wel *kittelaar* genoemd. Veel vrouwen krijgen alleen
een *orgasme* als hun *clitoris* geprikkeld

wordt. Onder de *clitoris* zit de opening
van de urinebuis, waar de urine uit komt.
Een verdieping lager bevindt zich de
schede-ingang, rechts en links daarvan
zitten de klieren van Bartholin, die slijm
produceren. Nogal wat meisjes hebben in
de schede-ingang een randje weefsel, het
maagdenvlies of hymen. De schede-ingang
is omgeven door een rekbare spierring,
die onder andere wordt gebruikt om bij
het plassen de urinestraal te onderbreken.
Omdat hier veel zenuwen eindigen, speelt
de schede-ingang bij *seks* ook een grote
rol. De schede ligt binnen in het lichaam
en wordt ook *vagina* genoemd. Deze bestaat uit een 8 tot 10 centimeter lange
gespierde buis, die de schede-ingang met
de baarmoedermond verbindt en zo elastisch is, dat er niet alleen een *penis* in
past, maar zelfs een baby doorheen kan.
De wanden van de schede produceren een
slijmerig vocht, waardoor *geslachtsgemeenschap* soepel verloopt. Bovendien
beschermt dit vocht tegen ziekteverwekkers. Om dit zure milieu te behouden, mag
de schede niet gewassen worden. De baarmoedermond aan het eind van de schede
is de poort naar de baarmoeder. Als je
zwanger *(zwangerschap)* wordt, verhindert
deze dat het embryo naar buiten glipt. Pas
bij de geboorte geeft de baarmoedermond
mee. De tunnel, die van de baarmoedermond naar de baarmoeder leidt, heet baar-

De beste manier om het zichtbare deel van je geslachtsorganen goed te leren kennen is een inspectie met behulp van een spiegel.

moederhals. Daarin zitten veel slijmproducerende klieren. Soms vind je dit slijm in je ondergoed *(witte vloed)*, wat heel natuurlijk is. Pas als deze afscheiding er anders uitziet dan anders, sterk ruikt, brokkelig is en/of je jeuk of pijn hebt, moet je naar de huisarts of de *gynaecoloog* gaan. Boven de baarmoederhals bevindt zich de baarmoeder, een peervormig elastisch orgaan van 7 tot 9 centimeter groot, dat samen met de eierstokken en de eileiders al bij je geboorte aanwezig is. De baarmoeder is als kinderkamer bedoeld en kan door de ongeboren baby tot een grootte van 50 centimeter uitgerekt worden. Links en rechts van de baarmoeder leiden twee kanalen, de eileiders, naar de eierstokken. Hier bewaar je sinds je geboorte ongeveer 400.000 eicellen. Vanaf het begin van je *menstruatie* rijpt er elke maand een eitje, dat bevrucht kan worden. Tot je in de *overgang* komt, gebeurt dat ongeveer 500 keer.

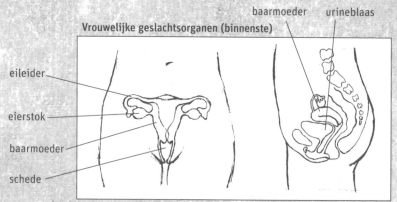

Vrouwelijke geslachtsorganen (binnenste)

baarmoeder   urineblaas

eileider

eierstok

baarmoeder

schede

De mannelijke buitenste geslachtsorganen bestaan uit de *penis* en de balzak. De *ballen,* bijballen en zaadleiders, die in de balzak liggen, worden over het algemeen als de binnenste geslachtsorganen beschouwd.

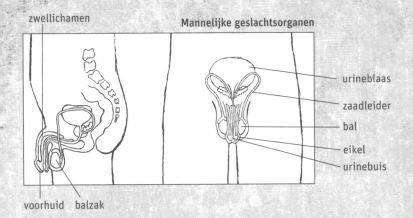

zwellichamen

Mannelijke geslachtsorganen

urineblaas
zaadleider
bal
eikel
urinebuis

voorhuid   balzak

GESLACHTSZIEKTEN //

Verzamelbegrip voor seksueel overdraagbare aandoeningen (soa's), dus ziekten die je kunt krijgen als je *seks* met iemand hebt die besmet is. Sommige ziekten blijven lang onontdekt, omdat ze nauwelijks klachten veroorzaken, en worden vrolijk doorgegeven aan anderen. Je kunt jezelf met een *condoom* beschermen, maar dat kan scheuren. Als je vaak van partner wisselt, verhoogt dat het gevaar van een infectie. Vervelend genoeg zijn er ook

ziekten die alleen al via huidcontact worden overgedragen, maar gelukkig hebben
die een minder dramatisch verloop. Hieronder volgt een overzicht van de bekend-
ste ziekten, waartoe ook de dodelijke
virale ziekte *aids* hoort.

Vijgwratten

zijn pijnloze genitale wratten, die door
het zogenaamde humane papillomavirus
(HPV) worden verspreid. Een infectie kan
incidenteel tot baarmoederhalskanker
leiden. Er zijn een aantal verschillende
HP-virussen, die niet allemaal door *seks*
worden overgedragen of vijgwratten veroorzaken. Het is mogelijk dat iemand
geïnfecteerd is en toch geen wratten
heeft. Omdat condooms als bescherming
niet voldoen, bestaan er inmiddels ent-
stoffen waarmee een HPV-infectie voorkomen kan worden. Wie zich al voor de eerste *geslachtsgemeenschap* laat behandelen, neemt het zekere voor het onzekere.
Als je al besmet bent, helpt de inenting
niet meer, wat natuurlijk nog lang niet
betekent dat je daarom kanker krijgt. Toch
is het slim om, zodra je *seks* hebt, een
keer per jaar een preventief onderzoek te
laten doen. Ook jongens zijn HPV-over-
brengers en moeten zich laten inenten.
Als aardig bijeffect beschermt de entstof
tegen de hiervoor genoemde vijgwratten,

die anders met medicijnen behandeld
moeten worden of operatief verwijderd
moeten worden.

Hepatitis B

Leverontsteking, die door het hepatitis
B-virus (HBV) wordt veroorzaakt. HB-virus-
sen bevinden zich in *sperma-* en vaginaal
vocht, maar ook in speeksel, urine en
bloed. Een goede reden om bij het piercen
(piercing) of tatoeëren heel goed op de
hygiëne te letten. De klassieke hepatitis
B-symptomen zoals uitputting en ge-
wrichtspijnen treden 1 tot 6 maanden na
de infectie op. Ongeveer 90% van de mensen die geïnfecteerd raakt, geneest weer.
Als de hepatitis niet behandeld wordt,
wordt deze chronisch en kan dat tot
zware leverziekten zoals levercirrose en
leverkanker leiden. De beste bescherming
tegen hepatitis B geeft een inenting. Deze
wordt aan zuigelingen en jongeren tussen
het 9de en 18de levensjaar aanbevolen.

Herpes genitalis

Virusziekte waarbij zich op en in de
schaamstreek kleine, pijnlijke blaasjes
vormen. Genitale herpes wordt overgedragen door huidcontact en daarmee door
elke vorm van *geslachtsgemeenschap.*
Naast brandende pijn in de schaamstreek

zijn er soms griepachtige verschijnselen zoals hoofdpijn en koorts. Met het verdwijnen van de ziekte is het gevaar helaas niet geweken, want het virus sluimert in het lichaam en gaat meestal op een bepaald moment weer tot de aanval over. Wie genitale herpes heeft, moet helemaal van *seks* afzien en zich samen met zijn partner laten behandelen. Trouwens, ook een koortslip kan genitale herpes veroorzaken, als een geïnfecteerde persoon een ander oraal bevredigt *(orale seks)*.

Chlamydia-infectie

wordt door bacteriën overgedragen en is bij ons een van de meest voorkomende oorzaken van onvruchtbaarheid.
Chlamydia krijg je meestal door vaginale, *orale* of *anale seks.* De symptomen bij zowel meisjes als jongens zijn een branderig gevoel bij het plassen en/of etterende slijmerige afscheiding. Vrouwen kunnen bovendien pijn in het onderlichaam, *menstruatie*stoornissen en klachten bij *seks* hebben. Chlaymidia-infecties worden geregeld overgebracht omdat de symptomen vaak maar zwak zijn. Bij de minste verdenking dus meteen naar de dokter. Als de ziekte niet behandeld wordt, ontstaan in de binnenste *geslachtsorganen* verklevingen en littekens, wat tot eileiderzwangerschappen en onvruchtbaarheid

kan leiden. Baby's die bij de geboorte geïnfecteerd raken, kunnen daar longbeschadigingen en een ernstig oogletsel aan overhouden. Bovendien wordt de kans op een *aids*infectie groter, omdat het geprikkelde slijmvlies heel gevoelig is voor infecties. Chlamydia wordt meestal behandeld met antibiotica en de partner moet ook behandeld worden. Tijdens de behandeling is onbeschermde *geslachtsgemeenschap* taboe.

Syfilis

Bacteriële infectie die door allerlei soorten onbeschermde *geslachtsgemeenschap* doorgegeven worden. Vroeger betekende syfilis (wat ook wel 'harde sjanker' of 'Franse ziekte' wordt genoemd) een doodvonnis, maar dankzij *veilige seks* en de ontdekking van antibiotica is dat gelukkig veranderd. Bij syfilis ontstaat in eerste instantie een pijnloze zweer, precies op de plek waar de bacterie in de huid of het slijmvlies is binnengedrongen. Als deze niet wordt behandeld, volgen grieperige klachten, lymfeknoopzwellingen en huiduitslag. Sommige slachtoffers krijgen ook haaruitval. Later breidt de bacterie zich uit naar de organen, waar in eerste instantie knobbels en zweren en later zenuwbeschadigingen en verlammingen ontstaan. Hoe eerder syfilis wordt behandeld, hoe beter. *Seks* is verboden tot de patiënt helemaal genezen is. Ook de partner moet medisch behandeld worden.

Druiper

(Medische term: gonorroe.) Door bacteriën veroorzaakte ziekte die vaak door *geslachtsgemeenschap,* maar soms ook indirect via de handen of *seksspeeltjes* doorgegeven wordt. 2 tot 5 dagen na de infectie kan er een etterige geelgroene uitscheiding uit schede of *penis* komen en klachten bij het plassen ontstaan. Bij vrouwen zijn bovendien tussentijds bloedverlies of een bruine afscheiding mogelijk. Soms veroorzaakt de *druiper* ook darmafscheiding, keelpijn of rode ogen. Als de ziekte wordt genegeerd, kan dit onder andere tot onvruchtbaarheid leiden. Baby's van geïnfecteerde vrouwen kunnen bij de geboorte aangestoken worden en blind raken. Gelukkig kan een *druiper* tegenwoordig met antibiotica genezen worden. Het probleem is echter dat ongeveer 50% van de getroffen vrouwen geen klachten hebben, wat een tijdige behandeling moeilijk maakt.

Candida

Gist- of candidaschimmels zijn een natuurlijk bestanddeel van ons lichaam.

Onder bepaalde voorwaarden (onder andere stress, een algemeen verzwakt weerstandsvermogen of het innemen van bepaalde medicijnen) beginnen ze zich sterk te vermeerderen en irriteren ze de schaamstreek. De gevolgen zijn een rode, jeukende schede, brokkelige, op kwark lijkende afscheiding en pijn tijdens de *seks*. Je kunt dit voorkomen door je te wassen met pH-neutrale producten, want gewone zeep verstoort het zure vagina-milieu, dat ziekteverwekkers weert. Ook inlegkruisjes met een kunststof laag en nauwe kleren uit kunstvezels bevorderen de schimmelgroei, omdat deze een vochtig-warm klimaat creëren waarin de schim-mels zich prima thuis voelen. Wie zich bij het naar het toilet gaan van achteren naar voren afveegt, loopt eveneens gevaar, omdat je op die manier schimmels uit de darm naar de *vagina* transporteert. Schimmelinfecties worden met medicijnen behandeld. Tot de candida genezen is, moet je een condoom gebruiken en afzien van *orale seks*. Heeft je partner het al opgelopen, dan zal hij ook behandeld moeten worden.

Schaamluis

Deze ook wel 'platjes' genoemde parasie-ten voelen zich prima thuis in het mense-lijke *schaamhaar*. Ze worden onder meer overgedragen door lichamelijk contact, handdoeken of beddengoed. Dat je ze hebt, merk je aan de jeukende beten tussen je dijen. Schaamluis is weliswaar onschuldig, maar behoorlijk onaangenaam en bovendien overdraagbaar – laat je dus liever behandelen. Verder moeten alle kleren die je sinds de aanval van luis hebt gedragen, grondig worden gereinigd.

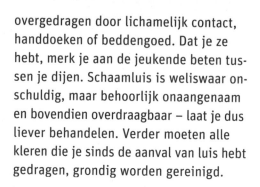

Trichomoniasis

Voor deze ziekte is een klein zweepdiertje verantwoordelijk, dat door *geslachtsgemeenschap,* gezamenlijk gebruikte handdoeken of andere voorwerpen *(seksspeeltjes)* overgedragen worden. Symptomen bij de vrouw zijn jeuk, een brandende schede en een schuimende, vies ruikende afscheiding. Mannen merken deze eencellige diertjes helemaal niet of hooguit doordat ze pijn hebben bij het plassen. Trichomoniasis wordt behandeld met antibiotica. De partner moet ook behandeld worden.

GLIJMIDDEL //

garandeert een aangenaam-glibberige schaamstreek en daarmee soepele *seks.* Omdat glijmiddelen bovendien de *lust*gevoelens verhogen, worden ze ook gebruikt bij *petting* of bij *zelfbevrediging.*

Deze gels en crèmes zijn in elke drogisterij te koop. In water oplosbare producten zijn het best, omdat deze de latex van *condooms* niet aantasten.

→ *seksspeeltjes*

GLUURDER // → *voyeur*

GRIEKS //

Op z'n Grieks is een chique uitdrukking voor *anale seks.*

GROEPSSEKS //

is *geslachtsgemeenschap* waaraan minstens 3 personen meedoen. *Seks* met meerderen geeft een groot risico op infecties *(geslachtsziekten)* en kan bovendien psychische schade veroorzaken, omdat *liefde* en tederheid vaak achterwege blijven. Denk er dus goed over na of je mee wilt doen – misschien is het ook cool om gewoon een keer nee te zeggen. Er zijn meerdere vormen van groepsseks. Bij een *trio* zijn er, zoals de naam al zegt, 3 mensen betrokken. Erg geliefd is de partnerruil tussen twee of meer paren, die vaak in *swingerclubs* plaatsvindt. Als veel mannen *geslachtsgemeenschap* met één vrouw hebben, noem je dat een *gangbang.*

→ *seksvariaties*

G-SPOT //

Dit is een *erogene zone* in de *vagina (geslachtsorganen)*, die is vernoemd naar de ontdekker dr. Gräfenberg, hoewel niet iedereen ervan overtuigd is dat deze plek ook echt bestaat. Deze g-spot schijnt zich een paar centimeter in de schede aan de kant van de buikwand te bevinden. Je zou eens kunnen proberen of je hem kunt vinden *(zelfbevrediging)*.

GYNAECOLOOG //

Bij je eerste bezoek aan de praktijk moet je voor jezelf uitmaken of je deze arts helemaal kunt vertrouwen en of je je op je gemak voelt.

Specialist voor vrouwengeneeskunde en een spookbeeld voor veel meisjes en vrouwen die nog nooit bij hem/haar zijn geweest. Het goede nieuws: het is helemaal niet zo verschrikkelijk! Aanbevolen wordt om voor de eerste *geslachtsgemeenschap* naar de gynaecoloog of naar je huisarts te gaan. Bij een algemeen gesprek, ook zonder onderzoek, kan bijvoorbeeld over eventuele vaccinaties worden gepraat. Of je er alleen of samen naartoe gaat, is jouw beslissing.

Noodzakelijk is een bezoek aan de gynaecoloog of huisarts als:
* ★ je heel sterke, vies ruikende of geelgroene afscheiding hebt.
* ★ je schede *(geslachtsorganen)* rood is, jeukt of brandt.
* ★ je pijn bij het plassen hebt.

★ je 16 bent en nog niet menstrueert.
★ je problemen met je *menstruatie* hebt, zoals tussentijdse bloedingen of sterke *menstruatiepijn,* of als er heel veel of heel weinig tijd tussen je *menstruaties* zit.
★ je *menstruatie* uitblijft en/of je denkt dat je zwanger *(zwangerschap)* bent.
★ je pijn in je onderbuik hebt.
★ je vragen hebt over lichamelijke ontwikkeling, *seks* of *voorbehoedmiddelen,* of als je een *voorbehoedmiddel* op recept, bijvoorbeeld de *pil,* wilt hebben.

Adressen van gynaecologen staan in de gele gids onder de rubriek 'artsen', trefwoord 'vrouwengeneeskunde'. Als je bij de eerste keer niets aan het toeval wilt overlaten, kun je bij je moeder, vriendinnen of kennissen naar een goede gynaecoloog vragen. Die herken je er bijvoorbeeld aan dat hij/zij de tijd voor je neemt en al je vragen geduldig beantwoordt. Bij je eerste afspraak wordt er waarschijnlijk gevraagd wanneer je je eerste *menstruatie* hebt gehad, wanneer de laatste keer was en of je regelmatig menstrueert. Bovendien zal de arts willen weten of je medicijnen slikt, welke ziekten (ook kinderziekten) je hebt gehad, of je aan je onderlichaam bent geopereerd en of je ouders een ernstige ziekte hebben of hebben gehad. Je hoeft normaal gesproken alleen op de stoel als je klachten hebt of als je een *voorbehoedmiddel* wilt hebben. Voor het onderzoek moet je je slipje uittrekken. Als je dat vervelend vindt, kun je in een extra lang shirt komen. De arts zal je vragen om op de stoel te gaan liggen, met je bekken iets naar beneden te schuiven en je benen rechts en links in de steunen te leggen. Deze positie is ongewoon en misschien vind je het gênant om op die manier voor een wildvreemde te liggen. Voor de arts is het echter routine, hij doet het een heleboel keer per dag en ziet de situatie puur medisch. Blijf dus ontspannen en haal diep adem, want dan is het onderzoek meteen veel minder vervelend. Eerst gebruikt de arts een zogenaamd speculum, een metalen instrument, dat in de *vagina* wordt geschoven om deze wat op te rekken. Met een vergrootglas controleert hij of de baarmoedermond en baarmoederhals gezond zijn. Daarna maakt hij een uitstrijkje met een wattenstaafje. De daarbij opgenomen afscheidingsproducten worden onder de microscoop op ontstekingen gecontroleerd. Aansluitend onderzoekt de arts de binnenste *geslachtsorganen*. Daarvoor brengt hij twee vingers in de *vagina* en tast hij met de andere hand de onderbuik af, wat weliswaar een vreemd gevoel is, maar geen pijn doet. Het hele onderzoek duurt maar een paar minuten, daar-

TIP

Als je voor het eerste bezoek aan de gynaecoloog opschrijft wat je wilt weten, vergeet je niets en is de arts beter in staat om je advies te geven.

na mag je van de stoel en kun je je weer aankleden. Als je bang bent dat je *maagdenvlies* bij het onderzoek scheurt, kun je dat beter van tevoren bespreken. Als de arts voorzichtig is, gebeurt er niets. Daarna volgt het borstonderzoek. Daarvoor moet je je van boven uitkleden. De arts tast je *borsten* af en voelt naar eventuele knobbeltjes of verhardingen. Om borstkanker op tijd te ontdekken, moet je je borsten één keer per maand zelf onderzoeken. Je kunt dit het best meteen na de *menstruatie* doen. Tot slot bespreekt de arts de onderzoeksresultaten met je en kun je eventueel vragen stellen over *voorbehoedmiddelen.*

H

HARTSVRIEND //

Een hartsvriend is als een broer, met wie je al je problemen kunt bespreken en die er altijd voor je is. Het wordt lastig als een van jullie plotseling *verliefd* wordt op de ander, want dan is niets meer zoals het was. De enige mogelijkheid: met elkaar praten. Misschien liggen jullie gevoelens helemaal niet zo ver uit elkaar. Als dat wel zo is, vinden jullie met geduld en begrip misschien een oplossing voor dit dilemma. Vertrouw gewoon op datgene wat jullie tot nu toe verbonden heeft, en denk erover na of het nut heeft om de vriendschap overboord te gooien, alleen omdat een van jullie niet krijgt wat hij of zij wil.

'Ik heb een hartsvriendin, die alles laat vallen en naar me toe komt als ik haar nodig heb. Andersom zou ik haar ook altijd helpen. We komen altijd voor elkaar op.

Sara, 15

HARTSVRIENDIN //

Samen met haar heb je heel veel plezier, ze is je intiemste vertrouwelinge. Of ze echt aan jouw kant staat, blijkt echter pas als het een keer niet zo goed met je gaat, als je *liefdesverdriet* of problemen op school hebt en je geen feestbeest bent. Maar ook goede vriendin-

nen hebben af en toe ruzie. En dan kan het gebeuren dat er een tijd geen contact tussen jullie is omdat jullie allebei denken dat jullie gelijk hebben. Geen paniek: als de eerste woede voorbij is, komt het meestal weer in orde. Tenslotte is echte vriendschap belangrijker dan gekwetste ijdelheid.

HETEROSEKSUALITEIT //

(van het Griekse heteros = 'de andere'). Als mensen zich tot het andere geslacht aangetrokken voelen, zijn ze heteroseksueel.
→ *homoseksualiteit*

HIV // → *aids*

HOER //

Neerbuigende benaming voor een *prostituee.*

HOMOSEKSUALITEIT //

Liefde tussen twee mannen of twee vrouwen. Vrouwen die op vrouwen vallen, zijn *lesbisch,* mannen die van mannen houden, zijn homofiel. De redenen voor homoseksualiteit zijn niet onderzocht. Vast staat dat je een mens niet kunt opvoeden of verleiden om homoseksueel

te worden. Op 1 april 2001 (Nederland)/1 juni 2003 (België) werd een nieuw tijdperk ingeluid. Sindsdien bestaat er een wet die het homofielen en lesbiennes toestaat om met een partner van hetzelfde geslacht te trouwen. Er bestaat nog wel een rechtsongelijkheid, want in tegenstelling tot getrouwde hetero's *(heteroseksualiteit)* worden homo-echtparen belastingtechnisch benadeeld.
→ *coming-out*

HONDJESHOUDING //

Variatie in de *geslachtsgemeenschap*, waarbij het meisje met voorovergebogen bovenlichaam knielt of staat, terwijl ze ergens op steunt en hij haar van achteren neemt. Omdat ze hem daarbij niet ziet, kan ze zich helemaal op zichzelf concentreren en, als dat lukt, met een hand haar *clitoris (geslachtsorganen)* strelen. De jongen achter haar kan heel diep bij haar binnendringen of bijvoorbeeld cirkels met zijn bekken maken, wat niet iedereen altijd prettig vindt. Trouwens, hoe meer de vrouw haar benen sluit, des te opwindender is het voor hem.
→ *standjes*

HOOGTEPUNT //
→ *orgasme*

HORMONEN //

zijn boodschappers die informatie over-
brengen. Ze worden op verschillende
plekken in je lichaam gevormd en via de
bloedbaan naar de cellen gestuurd die
informatie moeten krijgen. Zelfs kleine
hoeveelheden kunnen al een enorm effect
hebben. *Zwangerschap,* bloedsuiker-
spiegel, waterhuishouding: de hormonen
regelen allerlei processen in ons lichaam
en beïnvloeden zelfs de chemie tussen
twee mensen *(verliefd).* Voor de ontwikkeling in de *puberteit* zijn vooral de
geslachtshormonen verantwoordelijk. Bij
meisjes zijn dat hoofdzakelijk de vrouwelijke vertegenwoordigers *oestrogeen* en
gestageen, die aan het begin van de
puberteit in de eierstokken worden
gevormd. Deze zorgen ervoor dat je rondingen krijgt en ze regelen de ontwikkeling van de binnenste en buitenste
geslachtsorganen. Maar er circuleren ook
mannelijke geslachtshormonen in je
lichaam. Deze androgenen zorgen ervoor
dat eerst je *schaamhaar* en daarna je oksel-
haar gaat groeien. Bovendien stimuleren
ze de groei en de activiteit van de talgklieren, waardoor je vette haren en *puistjes* krijgt. Door de sterke toename van
groeihormonen word je groter en wordt
je gezicht volwassener. Groeihormonen
komen tijdens de slaap vrij. Wie niet als
hobbit wil eindigen, moet dus niet voort-

durend van de nacht een dag maken. Het hormoon cortisol stimuleert de eetlust en zorgt ervoor dat je de voedingsstoffen krijgt die je lichaam voor de ontwikkeling nodig heeft. Dopamine is een geluks-hormoon. Helaas daalt de dopaminespiegel in de *puberteit,* wat als effect heeft dat je veel van je hobby's plotseling superslaapverwekkend vindt en naar nieuwe uitdagingen zoekt. Het duurt een paar jaar voor de hormoonproductie goed functioneert. Omdat je hersenen bovendien veranderen, heb je tot over-maat van ramp ook nog te maken met *stemmingswisselingen.* Wat je daartegen kunt doen? Alles wat je leuk vindt, zoals shoppen, shoppen en … shoppen. O ja, sport en veel beweging in de frisse lucht helpen ook.

IMPOTENTIE //

Het begrip is afkomstig uit het Latijn en betekent 'onvermogen'. Op het gebied van *seks* wordt het gebruikt voor mannen bij wie binnen 3 maanden 75% van alle pogingen om *geslachtsgemeenschap* te hebben mislukt, omdat er geen goede *erectie* tot stand komt. Incidentele *erectie*-stoornissen zijn volledig normaal, tenslotte is het lichaam geen machine die je naar believen uit en aan kunt zetten. Meestal zitten er psychologische redenen achter, zoals prestatiedruk of spanningen in de *relatie.* Maar ook te veel alcohol en lichamelijke oorzaken zoals bijvoorbeeld een *penisbreuk* zorgen voor impotentie. Overigens, volgens de statistieken krijgt 41% van alle jongens bij de eerste keer *(de eerste keer)* geen *erectie.* Het tegenovergestelde van impotentie is *potentie.*

INCEST //

is ongewenste intimiteiten en *geslachts-gemeenschap* tussen familieleden. Dit is bij ons strafbaar, als het tussen familieleden in de eerste lijn plaatsvindt, bijvoorbeeld ouders, kinderen en kleinkinderen. Met dit verbod wil de wetgever *seksueel misbruik* binnen het gezin voorkomen. Incest is een heel problematisch thema, ook omdat kinderen van bloedverwanten vaak met genetische gebreken worden geboren.

JALOEZIE //

Het is heel normaal dat je een steek krijgt als je liefste met de mooie serveerster *flirt.* In zekere mate hoort jaloezie bij de *liefde,* tenslotte is het een gevolg van de angst om de ander kwijt te raken, en dat is menselijk. Als je je jaloezie niet meer onder controle hebt en in elk knap meisje een concurrente ziet, als je je partner bespioneert of een scène maakt zodra hij met een andere vrouw praat, dan heb je blijkbaar een egoprobleem. Overdreven jaloezie is namelijk meestal een teken van een gebrek aan zelfbewustzijn. Wat je ertegen kunt doen?

'Soms moet ik me echt beheersen, ik wil dan niet dat iemand merkt dat ik jaloers ben. Als ik me namelijk niet goed voel, vind ik iedereen knapper.'

Konstanze, 15

Probeer erachter te komen waarom je jaloers bent. Vind je jezelf niet mooi, slank, slim, sportief of grappig genoeg? Test je waarneming: zijn de anderen echt altijd knapper of gevatter dan jij, of ben je misschien een beetje te streng voor jezelf? Staar je niet blind op je *relatie*. Zoek hobby's die je leuk vindt en die je gevoel voor eigenwaarde verhogen. En praat met je vriend over je gevoelens. Als hij echt om je geeft, zal hij proberen je angst te verminderen. Als je je jaloezie niet onder controle krijgt, kun je deskundig advies bij een psychologisch adviesbureau krijgen. Soms liggen de redenen voor jaloezie namelijk op een heel ander vlak, en is het bijvoorbeeld een gevolg van ervaringen uit je jeugd. Het is het in elk geval waard om dat uit te zoeken, want het gaat tenslotte om je liefdesgeluk!

'Jaloezie hoort voor mij gewoon bij een relatie. Het is een bewijs van genegenheid en toont aan dat je bang bent een geliefd persoon kwijt te raken. Ik denk dat je niet tegen je jaloezie moet vechten en moet leren ermee om te gaan.'

Stella, 16

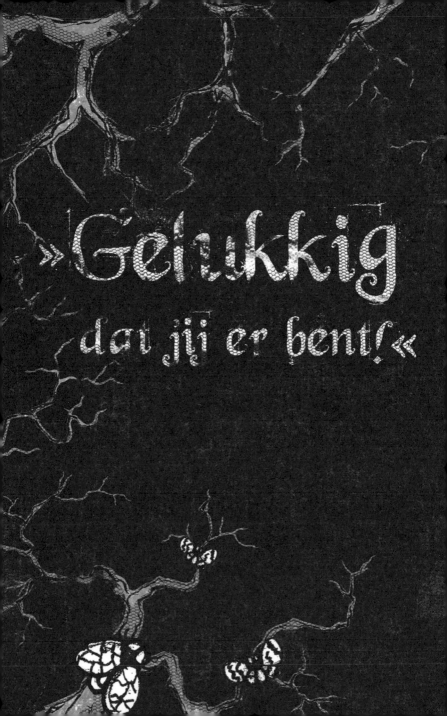

KAMASUTRA //

Oudindisch voor 'leidraad van de *erotiek*'.
Dit uit India afkomstige liefdeshandboek
werd ongeveer 250 v.Chr. door Mallanaga
Vatsyayana geschreven en is daarmee het
oudste *seks*adviesboek ter wereld. Ook al
staan in dit boek veel afbeeldingen waarop ongewone *standjes* worden getoond,
het gaat in de Kamasutra niet alleen om
seks. Het boek probeert je te leren om
met al je zintuigen van *erotiek* te genieten en dit als kunst te zien, van een ver-
fijnde *flirt* tot de hoge school van de
partnerkeuze. Bij het laatste is volgens
de Kamasutra vooral de kwaliteit van de
geslachtsorganen bepalend. Mannen en
vrouwen worden namelijk, afhankelijk
van de grootte van hun *penis* en *vagina*,
in verschillende typen ingedeeld en bij
elkaar geplaatst – mannen kunnen een
haas, stier of hengst zijn; vrouwen een
gazelle, merrie of olifantenkoe. Van nature hebben de haas en de gazelle, de stier
en de merrie en de hengst en de olifan-

tenkoe de beste *seks*. Met de juiste houding komen ook ongelijke paren aan hun trekken.

KITTELAAR // → *geslachtsorganen*

KNUFFELSEKS //

Heel tedere, aanhalige *seks* wordt knuffelseks genoemd.
→ *geslachtsgemeenschap*

KUSSEN //

Eigenlijk is kussen best apart. Het ene paar lippen wordt op het andere gedrukt (of ergens anders) en soms doet je tong ook nog mee. Een goede reden om er eens over na te denken hoe die gewoonte is ontstaan. Daarvoor zijn verschillende theorieën. De een zegt dat de kus zich heeft ontwikkeld uit het voorkauwen dat moeders voor hun kinderen deden toen er nog geen babyvoeding was. De moeder kauwde het eten en gaf de voedselbrij, van mond tot mond, aan de tandeloze spruit. Jakkes! Een idee waarbij elk lustgevoel in de kiem wordt gesmoord. De theorie van Siegmund Freud, dat de kus stamt uit de orale fase van het kind en een vervanging is voor het zuigen aan de moederborst, klinkt iets beter. Maar ge-

noeg over alle theorieën. Hoe gaat het in de praktijk? In het algemeen zijn er veel soorten kussen. De natte smakkerd van tante Gertrud hoort natuurlijk bij de walgelijke soorten. De liefdevolle, zachte kus van je vader op je voorhoofd geeft een gevoel van geborgenheid en de begroetingskus op de wangen schept een vriendelijke sfeer. De echt opwindende kussen zijn de kussen waarbij *erotiek* in het spel is. In de mond en de lippen eindigen namelijk veel zenuwen, die bij een lange, intensieve kus signalen naar de hersenen sturen. Het gevolg: er komen *hormonen* vrij die geluksgevoelens en hartkloppingen veroorzaken. Onvermoeibaar kussen stimuleert de doorbloeding en zorgt daarmee voor een mooiere huid. Bovendien schijnt kussen het immuunsysteem te versterkten, tegen cariës en parodontose te beschermen en, omdat we daarbij tot 12 calorieën verbranden, zelfs slank te maken. Alleen een geslaagde kus is in staat om lichaam en geest in extase te brengen. Dat kunnen veel tedere of knabbelende kussen op de *erogene zones* zijn, of een hartstochtelijke *tongzoen.*

LEPELTJESHOUDING //

Standje bij *seks,* waarbij het stel tegen elkaar aan op hun zij ligt, zodat hij van achteren bij haar kan binnendringen. Als ze haar bovenste been op dat van hem legt, komt hij er beter bij en kan zij bovendien haar *clitoris (geslachtsorganen)* strelen.

LESBISCH //

→ *homoseksualiteit*

LIBIDO //

Dit begrip stamt uit de psychoanalyse en is een ander woord voor seksuele begeerte.

LICHAAMSBEHARING //

Als baby hebben we kleurloos dons op ons hele lichaam, maar pas als we in de *puberteit* komen, begint onze lichaamsbeharing echt te groeien. De reden daarvoor is de verhoogde productie van de mannelijke geslachtshormonen, de androgenen *(hormonen),* die ook bij meisjes voorkomen. Het resultaat: het lichaamsdons verandert en er groeien haren in onze schaamstreek en onder onze oksels. Omdat jongens meer androgenen produceren dan wij, krijgen zij ook haren in hun gezicht, en soms zelfs op hun borst en rug. Hoeveel lichaamsbeharing we krijgen, welke kleur het heeft en of de haren ruw of zacht zijn, hangt af van het geslacht en de genen. Omdat oksel-, been- en *schaamharen* na een paar maanden uitvallen, worden ze niet zo lang als de haren op ons hoofd. Eigenlijk hebben lichaamsharen geen bijzonder spannende taak. Onder de armen helpen ze bij het regelen van de lichaamstemperatuur, omdat ze de oppervlakte van de oksel vergroten, waardoor meer zweet afgescheiden kan worden. *Schaamharen* beschermen de schaamstreek tegen wrijving. Dat mannen ondanks een flinke beharing op borst en rug vaak een kaal hoofd krijgen, komt doordat een actieve productie van androgenen de haargroei op het lichaam stimuleert, maar niet op het hoofd. Tja, soms is de natuur nu eenmaal wreed.

LIEFDE //

Als uit *verliefd*heid een diepe genegenheid ontstaat, spreek je van liefde. Dat je van iemand houdt, herken je er bijvoorbeeld aan dat je je voor de gevoelens en gedachten van de ander interesseert, dat je hem vertrouwt en dat je zijn zwakke punten probeert te accepteren. De beste voorwaarde om van iemand te kunnen houden is zelfbewustzijn. Als je jezelf namelijk niet sympathiek vindt, wordt de angst om verlaten te worden groter. De gevolgen zijn wantrouwen en *jaloezie* en dat is vergif voor de liefde. Aan liefde moet je werken, het liefst met kleine attenties. Ook dezelfde ideeën over bepaalde dingen en gezamenlijke interesses kunnen een band scheppen. Dat betekent echter niet dat jullie altijd dingen samen moeten doen. Integendeel, geef elkaar ruimte. Laat hem met zijn vrienden op stap gaan en koester je meidenavonden. Laat hem voetballen en blijf naar je sportclub gaan. Zo hou je je zelfstandigheid en dat maakt je voor de ander weer interessant. Ook *seks* is belangrijk voor de liefde, want bij de uitwisseling van tederheden komt het knuffelhormoon oxytocine *(hormonen)* vrij, dat vertrouwen stimuleert en jullie band versterkt.

'Ik heb Jan tijdens de vakantie leren kennen, we zijn ontzettend verliefd op elkaar geworden. Nu zien we elkaar maar weinig, omdat we 300 kilometer van elkaar wonen. We schrijven elke dag e-mails en bellen een paar keer per week. Pas geleden heeft hij tegen me gezegd dat hij van me houdt, toen was ik supergelukkig.'

Annika, 15

LIEFDESKOGELS //

Dit *seksspeeltje* bestaat uit twee met een touw verbonden kunststof kogels, waarin metalen balletjes zitten. Als je ze in je schede *(geslachtsorganen)* stopt, dan kunnen ze een prikkelend gevoel veroorzaken. In welk mate je de kogels voelt, hangt waarschijnlijk af van de kwaliteit van je bekkenbodem. Een strakke bekkenbodem verhoogt het vermogen om een *orgasme* te krijgen. Het dragen van de kogels helpt de bekkenbodem te trainen. Let op, liefdeskogels kunnen bij het lopen een (voor anderen hoorbaar) klikkend geluid veroorzaken. Bij de koop is het belangrijk dat je erop let dat er geen storende lasnaden op zitten. Om ze uit het lichaam te halen moet je aan de draad trekken die aan de voorste kogel is bevestigd en die uit de schede moet hangen. Liefdeskogels na gebruik grondig schoonmaken en niet uitlenen.

LIEFDESVERDRIET //

Heeft hij plotseling bijna geen tijd meer, vergeet hij je steeds op te bellen en ontwijkt hij tederheden? Geen paniek, dat hoeft niet altijd het einde van jullie *relatie* te betekenen. Misschien heeft hij problemen op school, met zijn ouders of zijn vrienden en heeft hij gewoon wat tijd voor zichzelf nodig. Laat hem met rust, bied hem je hulp aan, maar zet hem niet onder druk. Pas als er na dagen niets verandert, zul je erover moeten praten. Laat je niet afschepen, je hebt er recht op te horen wat er aan de hand is, want als je weet waar je aan toe bent, kun je een passende beslissing nemen. Sommige jongens (en ook meisjes) houden hun vriendin of vriend net zo lang aan het lijntje tot ze iemand leren kennen die ze leuker vinden. Dat is oneerlijk. Als je het gevoel hebt dat hij je niet meer wil, laat hem dan gaan. Het leven is te kort om met verkeerde mannen door te brengen.

LIEFDESVERKLARING //

Je bent *verliefd* en durft dat niet tegen je idool te zeggen omdat je bang bent dat hij je afwijst? Maar waarom zou hij dat doen? Tenslotte is een liefdesverklaring een fantastisch compliment. Wie ertegen opziet om met de deur in huis te vallen, kan het ook langzaam benaderen. Kijk eerst in zijn ogen, wacht af hoe hij reageert, lach naar hem en begin te praten. In elk geval moet je iets doen, want alleen als je je gevoelens toont, kun je erop hopen dat ze beantwoord worden.

LOLITA //

Afgeleid van de gelijknamige roman van Vladimir Nabokov, waarin een oudere man een meisje van 12 jaar lastigvalt. In het algemene taalgebruik staat een lolita

'Ik kan alleen zeggen dat vriendinnen de beste remedie tegen liefdesverdriet zijn. Toen Marco het uitmaakte, wilde ik me uit vertwijfeling, woede en teleurstelling alleen nog thuis opsluiten. Ik was helemaal kapot en schaamde me eigenlijk ook een beetje dat het uitgerekend mij overkwam. Bij mijn vriendinnen is het altijd andersom gegaan, want zij waren degenen die het uitmaakten. Gelukkig hebben de meiden mijn gedrag maar een paar dagen gepikt. Op een dag stonden ze bij me voor de deur en hebben ze me naar de bioscoop gesleept. Een week later gingen we naar de disco. Natuurlijk had ik daar in het begin helemaal geen zin in, maar ik merkte snel dat de afleiding goed voor me was. Ik had helemaal geen tijd meer om alleen thuis te zitten en te piekeren. En dat was het beste wat me kon gebeuren.'

Christine, 16

voor een kindvrouwtje, een meisje dat op de drempel naar volwassen worden staat. Ze is tegelijkertijd kinderlijk en vrouwelijk, onschuldig en sexy, en straalt daardoor een zekere *erotiek* uit.

→ *erotiek*

LUST //

Als we zin hebben in *seks*, voelen we lust. En dat gebeurt meestal heel plotseling. Een lekker kontje, een mannelijke stem, daarbij misschien nog een beetje muziek en kaarslicht *(afrodisiaca):* vaak zijn er maar een paar prikkels nodig om de productie van dopamine te stimuleren. Dit *hormoon* stimuleert de productie van de lust- en seksboodschapperstof *testosteron*. Dat mannen gemakkelijker opgewonden raken dan vrouwen, komt overigens doordat hun normale testosteronspiegel tien keer zo hoog is als de onze. Ondanks kontje en kaarslicht kun je zin in *seks* niet aanknippen als een gloeilamp. Pas als je ontspannen bent en je je op de aanrakingen van je partner kunt concentreren, komt de *opwinding*. Trouwens, ook incidentele lusteloosheid is heel normaal en overvalt ons meestal als we last hebben van frustratie, stress, PMS of ruzie met onze vriend. *Frigide* zijn we daarom nog lang niet.

MAAGD //

Een meisje dat nog geen *geslachtsge-meenschap* heeft gehad, wordt een maagd genoemd. Veel mensen denken dat een onbeschadigd *maagdenvlies* een bewijs voor maagdelijkheid is, maar dat is eigenlijk maar zelden het geval.

MAAGDENVLIES //

Het maagdenvlies in een dun, rekbaar membraan in de schede-ingang *(geslachtsorganen)*. Dit membraan wordt ook hymen genoemd en sluit de schede normaal gesproken maar ten dele af, zodat het bloed tijdens de *menstruatie* kan wegstromen. De vorm van het maag-denvlies varieert, en sommige meisjes hebben er helemaal geen. Als het scheurt, kan het een beetje bloeden en pijn doen, maar vaak gebeurt dat ook niet. Het maagdenvlies scheurt maar zelden bij de eerste keer *(de eerste keer)*. Meestal gebeurt dat al veel eerder, bijvoorbeeld door sport of *petting.* Terwijl maagdelijk-heid *(maagd)* in de moderne westerse

wereld geen maatschappelijke rol meer speelt, is dit bij traditiegetrouwe moslims de voorwaarde voor het huwelijk. Veel jonge moslima's laten daarom hun maagdenvlies operatief herstellen. Deze zogenaamde hymenreconstructie wordt onder volledige narcose of plaatselijke verdoving uitgevoerd en duurt ongeveer 20 tot 30 minuten.

MAANDVERBAND //

bestaat uit celstof en watten en bevestig je met plakstrips in je slipje om menstruatievocht *(menstruatie)* op te vangen. Let op bij het kopen: als maandverband een kunststoflaag heeft, laat het niet genoeg lucht door naar je lichaam en ontstaat er al snel een broedplaats voor schimmels en bacteriën *(geslachtsziekten)*. Om 's ochtends niet heel vervelend wakker te worden, is het beter om voor de nacht heel lang en dik maandverband te dragen. Het vervelende van maandverband is dat je er niet mee kunt zwemmen en niet mee in de sauna kunt. Dat gaat wel met *tampons.*

MACHO //

Macho's noemen we mannen die voortdurend cool willen zijn en aan achterhaalde rolpatronen tussen man en vrouw vasthouden – dus nog steeds geloven dat de vrouw achter het fornuis hoort en geen auto kan rijden. Achter machogedrag gaat vaak onzekerheid of domheid schuil. In het eerste geval is er hoop, in het laatste geval heb je met een eigengereide sukkel te maken, die je maar beter links kunt laten liggen.

MASOCHISME //

Slaag, lichte zweepslagen of een paar druppels heet kaarsvet op een naakte huid – sommige mensen vinden het opwindend als iemand ze tijdens de *seks* pijn doet *(domina).* De redenen daarvoor zijn psychisch of fysiek. De een vindt het een opwindend gevoel om zich te onderwerpen, de ander vindt de roes fijn die de door de pijn vrijkomende lichaamseigen stoffen (endorfinen) veroorzaken.

MASTURBATIE //

Als je jezelf of een ander met de hand bevredigt, praat je over masturbatie *(zelfbevrediging).* Daarbij kunnen verschillende hulpmiddelen gebruikt worden.
→ *seksspeeltjes*

MÉNAGE À TROIS // → *trio*

MENSTRUATIE //

(van het Latijnse mensis = 'maand' en stratus = 'verspreiden'). Op een bepaald moment tijdens de *puberteit* krijg je je menstruatie, ook ongesteldheid of maandstonden genoemd. Bij sommigen begint het al op 10 jaar, bij anderen pas op 15. Als het begint, krijg je het maandelijks, dus ongeveer één keer per 28 dagen. Deze periode noem je de cyclus. Voorbode is de zogenaamde *witte vloed,* een melkachtige afscheiding die al maanden voor de eerste bloeding in je slipje zichtbaar is. De menstruatie wordt door meerdere geslachtshormonen *(hormonen)* geregeld, het is een behoorlijk ingewikkeld proces dat we hieronder eenvoudig beschrijven. Het startschot voor de menstruatie wordt gegeven door het follikelstimulerend hormoon, dat pas in de *puberteit* geproduceerd wordt en de eierstokken *(geslachtsorganen)* ertoe aanzet om eiblaasjes te vormen. Na ongeveer twee weken is een van de eiblaasjes groot genoeg om een eicel te laten rijpen. Inmiddels heeft de baarmoeder zich op bezoek ingesteld en een dik, voedingrijk slijmvlies opgebouwd. Ongeveer in het midden van de cyclus springt het eiblaasje en maakt het rijpe eitje zich los van de eierstok. Dat noemen we de eisprong – sommigen voelen daarbij een licht trekken in de onderbuik. Gedurende

Zo veel eitjes!
Tussen de eerste menstruatie in de puberteit en de laatste in de overgang liggen zowat 40 jaar. In die tijd rijpen 400 tot 500 eicellen. Elk eitje kan tot een zwangerschap leiden.

de volgende vier dagen verplaatst het eitje zich door de eileider naar de baarmoeder. Tijdens deze reis kan het bevrucht worden *(vruchtbare dagen)* door een mannelijke zaadcel *(sperma).* Als dat gebeurt, nestelt het eitje zich in het baarmoederslijmvlies. Wordt het eitje niet bevrucht, dan lost het op. Het dan overbodige baarmoederslijmvlies wordt afgebouwd en wordt na een dag of 10 door de schede uitgedreven – je menstruatie begint. Al na de eerste dag van de bloeding begint de volgende cyclus. Dat betekent dat de *hormonen* weer aan het werk gaan en er een nieuw eitje rijpt. Deze kringloop gaat net zo lang door tot je in de *overgang* komt. Als je een precies overzicht over je cyclus wilt hebben, kun je het begin en het eind van je menstruatie in een agenda noteren en elke dag opschrijven hoe sterk de bloeding is en of je misschien *menstruatiepijn* of andere bijverschijnselen hebt. Als je deze cycluskalender een tijdlang bijhoudt, merk je het meteen als er iets niet klopt. Ook voor de huisarts of *gynaecoloog* is een cycluskalender een goede basis om je beter te leren kennen of een diagnose te stellen. Altijd meenemen dus als je een afspraak hebt. *Tampons* en *maandverband* nemen het menstruatievocht op. Om uit te zoeken wat je prettiger vindt, kun je ze het beste allebei uitproberen.

GOED OM TE WETEN!

Als je menstruatie een keer niet komt, betekent dat nog niet meteen dat je zwanger bent. Het uitblijven van de bloeding kan veel oorzaken hebben. Misschien heb je bijvoorbeeld stress. Als er na enkele dagen nog altijd geen bloed komt, moet je naar de huisarts.

Overigens, het is absoluut oké om tijdens de menstruatie seks te hebben. Zolang je de pil maar neemt! In elk geval moet je een voorbehoedmiddel blijven nemen, want het is echt wel mogelijk om tijdens de menstruatie zwanger te worden. Zaadcellen kunnen namelijk tot een week overleven in de baarmoeder. Als je menstruatie in die periode stopt en de eisprong plaatsvindt, is bevruchting dus mogelijk.

MENSTRUATIEPIJN //

Omdat de baarmoeder *(geslachtsorga-nen)* tijdens de *menstruatie* verkrampt, kun je buikpijn hebben.

Hieronder volgen een paar tips hoe je deze buikpijn kunt verzachten:

Drink geen cafeïnehoudende drankjes zoals cola of koffie. Beter zijn warme drankjes zoals krampstillen-de kruidenthee van kuisboombes of zilver-schoon. Die zijn ook goed voor de geest.

Ontspan je. Maak het jezelf gemakkelijk, ga liggen, haal bewust en diep adem. Een ver-warmingskussen op je buik verzacht.

Magnesium werkt ontspannend. Bij de apotheek kun je bruis-tabletten kopen.

Een beetje sporten ontspant, want dat stimuleert de door-bloeding van het bekken.

Natuurlijk zijn er ook medicijnen tegen menstruatiepijn die zonder recept ver-krijgbaar zijn. Als ook die niet helpen, kun je het beste naar de huisarts of de *gynaecoloog* gaan. Hij/zij kan je een sterkere pijnstiller of de *pil (voorbehoedmiddelen)* voorschrijven, want die helpt ook bij menstruatieklachten.

MISSIONARISHOUDING //

De klassieker bij *geslachtsgemeenschap*. Zij ligt met gebogen benen op haar rug, hij ligt op zijn buik op haar. Opwindend wordt het als ze een kussen onder haar billen legt en haar benen naar boven strekt, hij daartussen knielt en haar enkels vastpakt. In deze positie stimuleert de *penis* de *g-spot*. Als ze daarbij haar benen spreidt, kan ze bovendien haar *clitoris (geslachtsorganen)* strelen.
→ *standjes*

MORNING-AFTERPIL //

→ *voorbehoedmiddelen*

NATTE DROOM //

In de *puberteit* beginnen de *testikels* met de zaadproductie. Dat gaat vierentwintig uur per dag door en als jongens nog geen *seks* hebben, hoopt dat zich allemaal op. Om plek voor nieuw *sperma* te maken vindt er een nachtelijke *zaadlozing* plaats, die echter niet het gevolg hoeft te zijn van erotische fantasieën. Toch wordt dit proces in de spreektaal een natte droom genoemd.

NEGENENZESTIG //

is een *standje* waarbij jullie elkaar wederzijds oraal bevredigen *(orale seks)*. Daarbij liggen jullie zo op of naast elkaar, dat jullie allebei met je mond bij de geslachtsdelen van de ander kunnen.

NYMFOMANE //

Een vrouw met een grenzeloze geslachtsdrift wordt een nymfomane genoemd. Wat 'grenzeloos' precies betekent, is niet duidelijk, want er zijn geen regels voor hoe vaak je *seks* moet hebben.

OCHTENDERECTIE //

Als jongens 's ochtends een *stijve* hebben, hoeft dat niets met seksuele *opwinding (lust)* te maken te hebben.
Verantwoordelijk voor de *erectie* is de REM-fase (droomfase) kort voor het wakker worden, waarin de hartslag en ademhaling versnellen en zijn kleine vriend stijf gaat staan. De inhoud van de droom is daarbij niet belangrijk.

OESTROGEEN // → *hormonen*

ONANIE // → *zelfbevrediging*

ONENIGHTSTAND //

Betekent *seks* voor één nacht. Een mogelijk scenario: je gaat naar een disco en ontmoet een sexy jongen. Je danst met hem, drinkt een paar glaasjes en raakt, onder invloed van de alcohol en het opwindende ritme, in een roestoestand, die in gemeenschappelijke *seks* eindigt. Of je

Onenightstands kunnen een prikkelende ervaring zijn, maar als begin van een vaste relatie zijn ze minder geschikt.

daarbij echt plezier hebt, is moeilijk te zeggen, want niet iedereen komt bij het liefdesspel met een wildvreemde aan zijn trekken. Aan de andere kant kan de prikkel van het nieuwe en het feit dat je begeerd wordt stimulerend werken. Bij veel one-nightstands is het wakker worden niet fijn, omdat je elkaar in nuchtere toestand lang niet zo aantrekkelijk meer vindt. Ook een verschillende interesse zorgt soms voor een vervelende situatie, bijvoorbeeld als de een het als een avontuurtje beschouwt terwijl de ander meer wil. Ben je single, heb je dus niemand bedrogen en bovendien aan *veilige seks* gedaan, dan heb je geen enkele reden om achteraf een slecht geweten te hebben. Tenslotte is het heel gezond om je af en toe eens te laten gaan.

ONTMAAGDING // → *de eerste keer*

OPDRINGERIG GEDRAG //
Onhandige *flirt*poging, waarbij jongens bijvoorbeeld stomme opmerkingen maken of irritant op hun vingers fluiten. Dat je bewonderaar een beetje lomp overkomt, komt waarschijnlijk doordat hij verlegen is en zijn onzekerheid achter *macho*-gedrag probeert te verstoppen. De versierpoging kan een teken van

echte interesse zijn, waardoor het in elk geval geen kwaad kan om de bewuste jongen wat nauwkeuriger te bekijken.

OPWINDING // → *lust*

ORALE SEKS //

Als jullie elkaar met jullie mond bevredigen, dan praat je over orale seks. Doe jij het bij hem, dan heet het *fellatio (pijpen),* doet hij het bij jou, dan wordt dat *cunnilingus (beffen)* genoemd. Er is wel wat moed, nieuwsgierigheid en vooral vertrouwen voor nodig om de schaamstreek van de ander met je tong en lippen te onderzoeken. Laat je er dus niet toe dwingen. Overigens, ook bij orale seks kun je iemand met *aids* en andere ziekteverwekkers aansteken *(geslachtsziekten).* *Veilige seks* beschermt. En hygiëne is natuurlijk heel belangrijk, zodat niemand hoeft te walgen.

→ *seksvariaties*

Hoe iemand van onderen smaakt, is heel subjectief. Sommigen vinden dat het bitter en zout smaakt. Anderen vinden de smaak neutraal.

ORGASME //

Een orgasme krijg je als de seksuele spanning zich op het *hoogtepunt* ontlaadt. Het gevoel dat je daarbij krijgt, is roesachtig en ongelooflijk mooi. Het orgasme is een slimme zet van de natuur, want zonder orgasme zou er geen voortplanting zijn. Dat geldt in elk geval voor mannen, want bij het orgasme hebben zij meestal een *zaadlozing,* die ervoor zorgt dat het ras in stand wordt gehouden. Als vrouwen een *hoogtepunt* krijgen, trekken hun genitale spieren zich ritmisch samen, wat een bevruchting weliswaar ondersteunt, maar geen voorwaarde is. Of en hoe lang we nodig hebben om 'klaar te komen', is afhankelijk van veel factoren. Mannen hebben het gemakkelijker. Dat komt enerzijds doordat ze sneller opgewonden raken door het hoge *testosteron*gehalte *(hormonen)* in hun bloed, anderzijds zit het *lust*centrum van de man op de punt van de *penis* en wordt deze bij de *geslachtsgemeenschap* voortdurend gestimuleerd *(stimulatie).* Bij vrouwen zorgt vooral de *clitoris (geslachtsorganen)* voor *lust*gevoelens. Die zit buiten de schede en wordt door de in- en uitgaande beweging van de *penis* grotendeels met rust gelaten. Het goede nieuws: je kunt je *clitoris* tijdens de gemeenschap met je vingers stimuleren. Ook een goed getrainde pc-spier schijnt het vrouwelijke orgasme te verhogen. Deze spier is een onderdeel van de bekkenbodemspieren en loopt rond de schede-ingang en de urinebuisopening. Vrouwen gebruiken hem bijvoorbeeld om bij het plassen de urinestraal te onderbreken. Met precies

'Ik wist nooit zeker of het gevoel dat ik in mijn onderbuik had een orgasme was, maar toen kreeg ik er echt een en dat was onbeschrijfelijk. Het begint met een warm kriebelen en trekken, dat zich door je hele lichaam verspreidt. Ik krijg dan kippenvel en krijg het heel warm.'

Michelle, 18

dit aan- en ontspannen kan deze spier
verstevigd worden. Een derde gebied dat
belangrijk is voor het orgasme, is de le-
gendarische *g-spot,* die in de schede ligt.
Sommige vrouwen doen net alsof ze een
orgasme krijgen omdat ze hun vriend niet
willen teleurstellen of, erger nog, bang
zijn dat ze voor *frigide* uitgemaakt worden. Dat laatste is helemaal nergens voor
nodig. Als dat vaker gebeurt, moet je er
maar eens over nadenken of het misschien
aan je partner ligt. Soms zijn meisjes
echter ook geremd omdat ze zichzelf niet
mooi vinden, anderen weten gewoon niet
wat ze lekker vinden. Bij een orgasme verbranden we ongeveer 300 calorieën. In
tegenstelling tot jongens, die een flinke
pauze tussen twee orgasmen nodig hebben, kunnen meisjes meerdere *hoogte-
punten* na elkaar krijgen. Het gebeurt
zelden dat stelletjes tegelijk klaarkomen,
dat lukt meestal pas als je goed op elkaar
ingespeeld bent. Bij sommige meisjes
spuit tijdens het orgasme vocht uit de
urinebuis. Dit is geen urine, maar een
soort sperma zonder zaadcellen. Dat is
heel normaal en geen reden voor schaamte of paniek.

... geen orgasme = niet zwanger

Dat is grote onzin. Ook als je
geen orgasme krijgt, kun je
zwanger raken.

OVERGANG //

Bij de geboorte heb je ongeveer
400.000 eicellen in je eierstokken.

Maximaal 500 worden er gebruikt, de rest wordt in de loop der tijd afgescheiden door het lichaam. Als je ongeveer 50 jaar oud bent, zijn er geen eitjes meer over, wat betekent dat je geen kinderen meer kunt krijgen. Omdat je hormoonhuishouding *(hormonen)* in deze fase verandert, praten we over de overgang.

PEEPSHOW //

is een pornografische voorstelling *(por-nografie)* waar je een bepaalde tijd naar kunt kijken als je geld in een kastje hebt gegooid. De vrouwen, die naakt op een podium zitten, rekken zich ongegeneerd uit en laten hun geslachtsdelen zien.
→ *seksshop*

PENETRATIE //
→ *geslachtsgemeenschap*

PENIS //

of geslacht. De beste vriend van de man bestaat uit drie zwellichamen, die bij sek-suele *opwinding (lust)* met bloed gevuld raken en zich dan oprichten *(erectie)*. Als een man niet besneden *(besnijdenis)* is, dan bedekt de *voorhuid* de bovenkant van de penis als deze slap is. Binnen in de penis bevindt zich de urinebuis. Dit is het kanaal voor urine en *sperma*. Om ervoor te zorgen dat er bij de *geslachtsgemeen-schap* geen urine vrijkomt, sluit de urinebuisspier bij een *erectie,* waardoor jongens met een *stijve* niet kunnen plassen. De afmeting van een slappe penis zegt niets over zijn omvang in stijve toestand. Jongens maken zich altijd verschrikkelijk ongerust over de lengte van hun penis, maar voor vrouwen is het uithoudingsvermogen, dus de duur en de kracht van de *erectie,* belangrijker *(potentie).* Ook de omvang van een stijve penis kan beslissend zijn voor plezier of frustratie in bed. Onder de penis zit de balzak. Deze herbergt de *ballen,* die in de *puberteit sperma* en *hormonen* beginnen te produceren. Wat bij het *orgasme* uit de *eikel* spuit, heet *sperma, zaadvloeistof* of ejaculaat.

PENISBREUK //

Eigenlijk een heel misleidende uitdrukking, want een *penis* kan helemaal niet breken, omdat er geen bot in zit. In werkelijkheid gaat het bij een penisbreuk om een scheur in de huid die zich rond de zwellichamen binnen in de *penis* spant. Bij een *erectie* vullen de zwellichamen zich met bloed, waardoor de *penis* omhoogkomt. Het is logisch dat de huid eromheen erg onder druk komt te staan. Een verkeerde, ongecontroleerde beweging is voldoende om de huid te laten scheuren. Penisbreuken komen weliswaar zelden voor, maar zijn heel pijnlijk. Als het gebeurt, hoor je een knakkend geluid, de *penis* wordt onmiddellijk slap en wordt zo dik en paars als een aubergine. Jongens die zich niet meteen laten behandelen, moeten onder andere met blijvende schade rekening houden, zoals een penisverkromming of *erectie* problemen. Het is beter om je *penis* met je hand bij elkaar te drukken (om de zwelling te beperken), een ijspakking erop te doen en naar het ziekenhuis te gaan. Daar wordt de schade met een operatie hersteld en snel daarna is alles weer goed. Ook lichte breuken, waarbij geen bloeduitstorting ontstaat, moeten zo snel mogelijk geopereerd worden. Een penisbreuk is overigens geen schande en kan iedereen overkomen.

PERVERS //

betekent zoveel als getikt. Op het gebied van *seks* wordt het begrip gebruikt voor mensen die van *seks* houden die van de norm afwijkt. Waar perversie begint, is moeilijk te zeggen, want wat de een abnormaal vindt, is voor de ander heel gewoon. Voor sommigen zijn onschuldige vastbindspelletjes al pervers, anderen vinden het heel normaal om zich tijdens *seks* in het gezicht te laten plassen.

PESSARIUM //

Dit is een *voorbehoedmiddel*. We onderscheiden een schedepessarium, een *diafragma* en een intra-uterien pessarium, wat ook wel een *spiraaltje* wordt genoemd.
→ *voorbehoedmiddelen*

PETTING //

Knuffelen, *masturbatie, kussen, orale seks:* petting is alles, behalve *geslachtsgemeenschap.* Vaak wordt het in het *voorspel* gebruikt. Maar ook voor jongens en meisjes die nog geen *geslachtsgemeenschap* willen, is het ideaal, omdat je het lichaam van de ander langzaam maar veilig kunt ontdekken. Hoe beter jullie elkaar leren kennen, des te vertrouwder worden jullie met elkaar. Een opwindende cocktail van onzekerheid en nieuwsgierigheid drijft jullie voort, maar aan de andere kant stuiten jullie ook steeds weer op schaamte- of pijngrenzen. Je ontdekt of je het opwindend vindt als een ander aan je *tepels,* oorlelletjes of tenen zuigt of met zijn nagels zachtjes over de binnenkant van je dijen krabt. Of hoe het voelt als iemand je lichaam overal zachtjes kust en de contouren met het puntje van zijn tong natekent. Op een bepaald moment belandt er een vinger tussen je dijen. Dat is een onwennig gevoel, want het maakt verschil of je jezelf op dat plekje aanraakt

VOORZICHTIG:
Als er sperma vrijkomt, kun je van petting zwanger raken – bijvoorbeeld als het via een vinger in je vagina terechtkomt. Maar geen paniek, dat geldt alleen voor vochtige, nog niet ingedroogde zaadvloeistof.

of dat iemand anders dat doet. Als jullie elkaar langzaam ontdekken, kan er echter niets misgaan. Meisjes hebben het hierbij niet zo moeilijk, want de *penis* zit goed zichtbaar buiten het lichaam en is daarom geen boek met zeven zegels. En omdat mannen gemakkelijker opgewonden raken dan vrouwen, merken ze kleine bedieningsproblemen vaak helemaal niet.

Voor alle meisjes die nog onzeker zijn, volgen hieronder een paar tips voor de omgang met zijn beste vriend:

1 Voor beginners

Vorm met één hand een ring met je wijsvinger en duim rond de onderkant van de *penis,* dus vlak boven de *ballen.* Omsluit met je andere hand de penisschacht en glijd daarmee onder zachte druk naar boven en beneden, eerst langzaam en daarna steeds sneller. Probeer, als je bij de *eikel* bent, extra druk op de onderkant uit te oefenen, want hier is hij het gevoeligst. Deze techniek werkt het best als je naast je partner ligt of als je tussen zijn dijen knielt.

2 Voor gevorderden

Hij zit of ligt en jij knielt tussen zijn benen. Vouw je handen alsof je wilt bidden, en omsluit daarmee zijn penisschacht, zodat de *eikel* tussen

TIP

Glijmiddel maakt het 'hand-werk' een stuk gemakkelijker en is een fantastische gevoelsversterker. Een goede voorbereiding op petting is zelfbevrediging, want pas als je jezelf goed kent, weet je wat je prettig vindt. Als je geliefde je niet op de juiste manier aanraakt of je zelfs pijn doet, zeg het dan of laat hem zien wat je fijn vindt. Het is voor de ander prettig om te weten waar en hoe je aangeraakt wilt worden.

duimen en wijsvingers naar buiten kijkt. Laat je handen in deze positie via de schacht naar boven en naar beneden glijden en maak meteen een lichte draaibeweging naar beide kanten. Het wordt nog intenser als je tegelijkertijd een ritmische, pulserende druk op de penisschacht uitoefent.

3
Voor experts

Hij zit of ligt en jij knielt tussen zijn benen. Strek je rechterhand naar de *penis,* de handpalm wijst daarbij naar rechts, de duim naar beneden. Leg je hand in deze houding rond de onderkant van de *penis.* Laat de hand langs de penisschacht omhoogglijden. Bij de *eikel* aangekomen maak je een kleine draaibeweging naar rechts, net alsof je de dop van een fles opendraait. Na de draai wijst je duim naar boven en je handpalm naar links. Laat je hand nu weer naar beneden glijden. De techniek afwisselend met beide handen herhalen, waarbij je de bewegingen in spiegelbeeld uitvoert.

PIERCING //

(Engels voor 'doorboren' of 'doordringen'.) Bij het piercen worden bepaalde plekken op het lichaam met een holle naald doorgeprikt. Door het gat wordt een roestvrijstalen staaf gestoken, die later door een ring of een steker wordt vervangen. Officieel geldt piercing als lichaamsverwonding en wordt dit alleen niet bestraft omdat degene die de piercing krijgt toestemming geeft. Onder de leeftijd van 16 is piercing bij de wet verboden. Wie onder de 18 is, heeft schriftelijk toestemming van zijn ouders nodig. Om geen ziekten (bijvoorbeeld *aids* of *hepatitis*) op te lopen, moet je op de hygiëne in de studio letten. Er mag niet gerookt worden, degene die de piercing aanbrengt, moet latex handschoenen dragen en steriele instrumenten gebruiken. Een goede piercer zal naar je leeftijd vragen, je schriftelijk en mondeling uitleg geven over alle risico's en je na afloop een handleiding voor de nazorg meegeven. Je kunt de piercing ook door een gekwalificeerde arts laten aanbrengen, want dan zijn moderne techniek en hygiëne standaard. Net als bij een chirurgische ingreep moet je bij het piercen rekening houden met een aantal risico's (zoals zenuwbeschadigingen, infecties, allergische reacties of verlammingen). Bij *tepel*piercings kunnen bovendien melkkanalen doorboord worden, wat tot problemen bij het geven van borstvoeding kan leiden. *Schaamstreekpiercings,* die *lust*gevoelens schijnen te verhogen, kunnen, afhankelijk van de plek, tot voortdu-

Het is nauwelijks te geloven, maar het doelbewust doorboren van lichaamsdelen is al duizenden jaren in tal van culturen terug te vinden. De vroegst bekende voorbeelden zijn 7000 jaar oud.

rende prikkeling of gevoeligheidsverlies van de *clitoris (geslachtsorganen)* leiden. Voor mensen met hemofilie of suikerziekte, trombosepatiënten en mensen die aan een infectieziekte leiden, zijn piercings niet geschikt.

PIJPEN //

(Engels: *blowjob;* Latijn: *fellatio.*) Dit is een vorm van *orale seks,* waarbij de *penis* met de mond wordt gestimuleerd. Het is belangrijk dat je zijn kleine vriend alleen met je lippen en je tong bewerkt, en niet met je tanden. Voor iedereen die niet precies weet hoe het gaat, volgen een paar voorbeelden. Hij zit of ligt, jij knielt tussen zijn dijen. Nu vorm je met je duim en wijsvinger een ring en je omsluit daarmee zijn *penis,* iets onder de helft. Neem de *eikel* in je mond, laat je lippen met een licht zuigende beweging over de *eikel* heen en weer glijden en ondersteun de beweging met je hand. Met je andere hand kun je de penisschacht bij de wortel omvatten. Je kunt echter ook zijn *testikels* strelen of er zachtjes aan trekken – de meeste jongens vinden dat lekker. Heel geliefd is de blowjobvariant waarbij je de hele *penis* in je mond neemt. Voor deze techniek moet je wel een beetje oefenen, want als de *penis* heel lang is, krijg je daar snel braaknei-

Lang niet iedereen vindt de smaak van sperma lekker. Ananas of kiwi's kunnen helpen, want het eten van deze vruchten geeft sperma een zoete smaak.

gingen van. Of je hem in je mond laat klaarkomen en zijn *sperma* doorslikt of niet, is alleen jouw beslissing. Als je dat niet wilt, is dat helemaal niet erg. Omdat hij het best weet wanneer hij zover is, moet hij je op tijd waarschuwen.

→ *seksvariaties*

... van sperma slikken raak je zwanger!

Dat is natuurlijk absolute onzin, omdat dat biologisch gezien helemaal niet kan.

PIL // → *voorbehoedmiddelen*

PMS //

Een paar dagen voor de *menstruatie* lijden veel meisjes aan *stemmingswisselingen,* vocht vasthouden, onbedwingbare honger, moeheid, hoofd- of buikpijn. Als deze klachten heel sterk zijn, spreken we van het premenstrueel syndroom, afgekort PMS. Waarschijnlijk zijn hormoonschommelingen *(hormonen)* verantwoordelijk voor deze kwaal, maar de deskundigen weten het niet helemaal zeker. De behandeling van PMS is net zo lastig. Sport en een evenwichtige voeding kunnen helpen. Als je de hierboven genoemde klachten hebt, praat er dan in elk geval met je huisarts of *gynaecoloog* over.

PORNOGRAFIE //

Zeer gedetailleerd vormgegeven *seks* in films of tijdschriften wordt pornografie genoemd. Het werkt op veel mensen heel stimulerend *(stimulatie)*, maar anderen knappen er juist op af of vinden het storend. Porno is toegankelijk voor jongeren vanaf 18 jaar. Porno kan het seksleven stimuleren, maar te veel stompt af, maakt fantasieloos en ontneemt *liefde* en hartstocht de magie. Daarom altijd voorzichtig doseren.

POTENTIE //

(Latijn voor 'kracht' en 'vermogen'.) Mannen worden als seksueel potent beschouwd als het ze regelmatig lukt om een *erectie* te krijgen en deze een tijdlang vast te houden. Het tegenovergestelde van potentie is *impotentie*.

PROSTITUEE //

Dit is een vrouw die geld verdient door *seks* met anderen. Prostitutie bestond 3000 jaar geleden al. De nieuwe wetgeving rond prostitutie is bedoeld om misstanden zoals dwang, misbruik en mensenhandel te bestrijden.

PUBERTEIT //

Als je lichaam en je geest plotseling radicaal veranderen, ben je in de puberteit. Veroorzaker van deze verandering zijn vooral de geslachtshormonen *(hormonen)* die versterkt geproduceerd worden. Die zorgen ervoor dat je eerst *schaamhaar* ontwikkelt, daarna volgt een groeispurt, je krijgt *borsten* en ten slotte krijg je je *menstruatie.* Begin en duur van de puberteit is bij iedereen verschillend. Bij meisjes begint en eindigt het meestal ergens tussen de leeftijd van 10 tot 18 jaar. Jongens zijn gemiddeld twee jaar later. Dat het begin van de puberteit voor iedereen verschillend is, ligt enerzijds aan de genen, anderzijds worden beschermde kinderen vaak langzamer volwassen dan kinderen die al vroeg op zichzelf aangewezen zijn (bijvoorbeeld als je ouders hun eigen problemen hebben of gewoon geen tijd voor je hebben). In de puberteit slaan je *hormonen* op hol en krijg je *puistjes.* Bij de *tepels* en in het oksel- en genitale gebied ontstaan zweetklieren, die bij angst of inspanning actief worden, waardoor je onaangenaam gaat ruiken. Helper in de nood zijn geurende douchegels en deo's – gewoon een keer uitproberen, ze werken fantastisch! Het lichaam groeit in fasen, lijkt af en toe nogal uit verhouding en je weet nog helemaal niet welk figuur je uiteindelijk zult krijgen. Logisch dat je nu veel meer tijd voor de spiegel doorbrengt. Sommige meisjes ontwikkelen zich sneller dan andere en beginnen te vergelijken. Omdat ze zichzelf nog niet

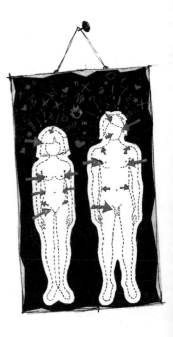

gevonden hebben, zoeken ze naar voorbeelden, zoals oudere, populaire medescholieren of bekende personen van wie ze de manieren en het uiterlijk kopiëren. Bovendien veranderen de hersenen. Bepaalde zenuwcentra in het hoofd worden krachtiger en maken het mogelijk om ingewikkeldere verbanden te begrijpen en te analyseren. Geen wonder dus dat je je omgeving en vooral je ouders in twijfel begint te trekken. Al deze veranderingen zijn opwindend, maar maken je ook onzeker en kwetsbaar. Het resultaat is dat je last krijgt van *stemmingswisselingen* en dat je je terugtrekt in een droomwereld. In je kindertijd waren je ouders het voorbeeld. Nu sta je als het ware voor het niets en moet je een eigen identiteit zoeken. Om die te vinden experimenteer je, glip je in verschillende rollen, ben je vandaag de *bad girl* en morgen de prinses op de erwt. Je probeert nieuwe hobby's, test je intelligentie in discussies met ouders en leraren of wisselt van vriendinnen alsof je langs alle televisiezenders zapt, omdat je door al deze verschillende karakters je eigen persoonlijkheid kunt ontwikkelen. Dat is allemaal prima, want je kunt alleen ontdekken wie je bent als je je op het leven stort en van alles uitprobeert. Als dat betekent dat je bijvoorbeeld verschrikkelijk veel gaat drinken, alleen om 'in' te zijn, ben je verkeerd be-

Als je een persoonlijkheid wilt worden, moet je zelfbewustzijn ontwikkelen, dus de moed hebben om ook een keer nee te zeggen en uit veel mogelijkheden degene te filteren die echt bij je past en goed voor je is.

zig. Want wie alles wil, verliest zichzelf op een bepaald moment. Het is belangrijk dat je jezelf sympathiek vindt en dat je je op je pluspunten concentreert, in plaats van je voortdurend op veronderstelde gebreken te richten. Ook al eindigt je lichamelijke ontwikkeling als de puberteit afgelopen is, het zoeken en twijfelen houdt nooit helemaal op, want in het leven zijn er altijd weer onbekende situaties, waarin je jezelf opnieuw moet uittesten. Maar maak je geen zorgen, want juist de overwonnen crisissen veranderen je langzaam maar zeker in een sterke en interessante persoonlijkheid.

PUISTJES //

Net als je er zo goed mogelijk wilt uitzien voor het andere geslacht, laat je huid het vaak afweten. De schuld van die lelijke puisten zijn de mannelijke geslachtshormonen, die in de *puberteit* ook door meisjes in een grotere hoeveelheid worden geproduceerd. Deze zogenaamde androgenen stimuleren onder andere de vetproductie in de talgklieren, die overal zitten waar lichaamshaartjes groeien. Het vet in de talgklieren houdt huid en haren soepel en beschermt ze tegen omgevingsinvloeden. Tot dat proces probleemloos verloopt, produceert je lichaam vaak te veel talg, dat samen met afgestorven

huidcellen de uitgangen van de klieren verstopt. Het resultaat is dat je mee-eters krijgt. Dit gebeurt vooral in je gezicht en op je bovenlichaam omdat daar de actiefste en grootste talgklieren zitten. Als mee-eters ontstoken raken, krijg je puistjes. Van acne spreek je, als je heel veel ontstoken mee-eters hebt. Hoe gevoelig je bent voor mee-eters en puistjes, hangt af van hoe sterk je talgklieren op de androgenen reageren. Ook erfelijkheid speelt een rol.

Toch kun je het een en ander doen om die lastige puistjes effectief te bestrijden:

★ Mee-eters en puistjes niet zelf uitknijpen, maar door een deskundige laten verwijderen. Dat kan een schoonheidsspecialiste of een dermatoloog zijn. Wie zelf aan de slag gaat, verergert de ontsteking misschien, wat tot grotere puistjes of acnelittekens kan leiden.
★ Of je nu wel of geen make-up gebruikt: in principe moet je je gezicht en *decolleté* 's morgens en 's avonds wassen met een lotion (pH-waarde 5,5) en een alcohol bevattend gezichtswater. Om de huid niet te laten uitdrogen breng je daarna een vetarme, vochtinbrengende crème aan. Voor het reinigen watten in plaats van een washand gebruiken en ongeveer elke twee dagen de handdoeken verwisselen.

★ Puistjes kunnen weliswaar niet weggetoverd, maar wel weggeschminkt worden. Bij make-up kopen erop letten dat de producten 'vetvrij' of 'niet comedogeen' (comedo is een ander woord voor mee-eter) zijn. Je kunt het best advies vragen.

★ Peelings, dus gels die schurende deeltjes bevatten, zuiveren de huid omdat ze dode huidcellen verwijderen. Dat gaat nog beter als je eerst een kamillestoombad hebt genomen, waardoor je huid week wordt en bovendien ontslakt.

★ Dat de zon puistjes uitdroogt, klopt lang niet altijd. Vaak worden huidverontreinigingen juist erger door uv-licht. Omdat de goede oude zon daarnaast kanker stimuleert, is het belangrijk om altijd voorzichtig en met een hoge beschermingsfactor op je huid van de zon te genieten.

★ Stress veroorzaakt puistjes – dus zorg ervoor dat je heerlijk ontspannen blijft.

★ Bepaalde anticonceptiepillen *(voorbehoedmiddelen)* bestrijden puistjes. Praat erover met je *gynaecoloog.* Het kan 6 tot 12 weken duren voor het aanslaat.

★ Naast de *pil* zijn er ook nog vloeistoffen, crèmes en medicijnen zonder *hormonen,* die puistje bestrijden. Gewoon een keer bij de dermatoloog vragen.

RELATIE //

Als uit een *flirt* iets groeit, jullie elkaar regelmatig zien, met elkaar vrijen, misschien *seks* met elkaar hebben en samen plannen maken, dan noem je dat een relatie. Hoelang die duurt, is niet te voorspellen, want *verliefd*heid is, nuchter gezien, vooral een *hormonen* roes, waardoor je in de wolken bent en je niet in staat bent om de ander objectief te beoordelen. Onderzoek heeft uitgewezen dat deze toestand tot drie jaar kan duren. Onder bepaalde voorwaarden die het verlangen naar elkaar aanwakkeren, kan deze situatie nog langer duren, bijvoorbeeld bij een *relatie op afstand*. Als de *hormonen* kalmeren, zie je alles helderder. Dan blijkt of jullie gemeenschappelijke interesses, de verwachtingen die jullie van elkaar hebben en jullie gevoelens een langdurige relatie mogelijk maken *(liefde)*. Een relatie heeft goede vooruitzichten als jullie elkaar vertrouwen en tolerant zijn en als jullie interesse hebben voor de gedachten en gevoelens van de ander.

RELATIE OP AFSTAND //

Als jij en je partner in verschillende steden of landen wonen, spreek je over een
relatie op afstand. Mensen die zo'n *relatie*
hebben, zien elkaar vaak alleen in het
weekend. Op den duur kan dat heel erg
vervelend worden, tenslotte wil je je
partner het liefst de hele dag om je heen
hebben. Aan de andere kant wakkert een
relatie op afstand het verlangen aan, wat
heel opwindend kan zijn. Soms functio-
neren relaties op afstand heel goed
omdat de dagelijkse routine ontbreekt,
die soms een belasting is voor andere
relaties.

SADOMASOCHISME //

Spreektaal voor bdsm (bondage, dominantie, sadisme, masochisme). Andere namen voor bdsm zijn bijvoorbeeld 'kinky seks' of 'leerseks'. Bij deze *seksvariatie* zorgen dominantie en onderwerping voor *lust*gevoelens. Tot de erecode van bdsm-beoefenaars hoort dat alles gebeurt met wederzijdse overeenstemming tussen meerderjarige partners en dat het leuk blijft. Bdsm-behandelingen vinden vaak als rollenspel plaats. Plaats van handeling kan een *dungeon* (Engels voor 'kerker') zijn, die vaak doet denken aan de martelkamers uit de middeleeuwen. Wie bij sadomasochisme de macht heeft, wordt 'top' genoemd, de ondergeschikte heet 'bottom'. Bij het klassieke repertoire van bdsm horen vastbindspelletjes en slaan met zachte leren zwepen of houten peddels *(masochisme)*.

SCHAAMHAAR //

In de *puberteit* beginnen de schaamharen te groeien. Bij meisjes bedekken ze de buitenste *schaamlippen* en de venusheuvel *(geslachtsorganen)*. Bij jongens groeien ze rond de *penis* en op de balzak. Natuurlijk weiland, een Engels gazon of kaalslag, wat je met je schaamhaar doet, wordt helemaal aan jouw smaak en jouw creativiteit overgelaten.

→ *schaamhaar stylen*

SCHAAMHAAR STYLEN //

Een gestylede schaamstreek wordt hygiënisch en sexy gevonden. Er zijn meerdere mogelijkheden om het haar in model te brengen. Voor iedereen die langdurig van het *schaamhaar* af wil (4 tot 6 weken) is brazilian waxing, het verwijderen van de haren met warme was, ideaal. Daarvoor kun je het beste naar een speciale studio gaan, waar je tussen een landingsbaan (er blijft een smalle reep haar over), driehoek (er blijft een driehoek over), Hollywood Cut (alles weg) of Special (bijvoorbeeld een hartvorm) kunt kiezen. Een andere mogelijkheid is om het *schaamhaar* met een elektrisch epileerapparaat te verwijderen. De eerste keus bij een gevoelige huid is natscheren. Dat moet echter elke dag herhaald worden, omdat het haar snel groeit. Wie nat scheert, moet altijd scheerschuim of gel gebruiken. Als je dat niet hebt, voldoen shampoo en crèmespoeling ook. Inmiddels zijn er ook scheerapparaten met

Een heel zachte methode schijnt sugaring te zijn. Daarvoor wordt een pasta van citroensap, suiker en water aangebracht, waarna de haartjes met de haargroei mee worden verwijderd.

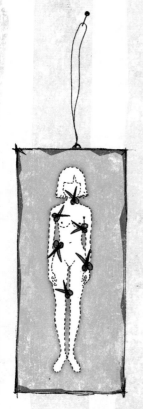

een geïntegreerd gelkussentje, waarmee tegelijkertijd ingezeept en geschoren kan worden. Sneetjes kun je vermijden door je huid met één hand strak te houden en in de richting van de haren te scheren. Regelmatige borstelbeurten met een zachte borstel en massagehandschoen voorkomen dat haren ingroeien en *puistjes* vormen. Tegen ontstoken haarwortels beschermt babypoeder. Het resterende haar kan met een elektrische tondeuse of een handzame, scherpe schaar op de gewenste lengte gemaakt worden.
→ *lichaamsbeharing*

SCHAAMLIPPEN // → *geslachtsorganen*

SCHAAMSTREEKPIERCING //

Genitale sieraden aan *schaamlippen* (geslachtsorganen) of *voorhuid* schijnen de *seks* te verbeteren. *Condooms* en deze *piercing*-variant gaan helaas niet samen, omdat het condoom beschadigd kan raken.

SCHEIDING // → *uitmaken*

SCHOONHEIDSOPERATIE //

Je neus te groot, je *borsten* te klein, je dijen te dik – steeds meer meisjes zijn ontevreden over hun uiterlijk en laten zich opereren. Of schoonheidsoperaties echt nut hebben, is moeilijk te beantwoorden. Mensen die zich alleen door middel van hun uiterlijk definiëren, voelen zich waarschijnlijk ook na de tiende operatie nog minderwaardig. Hun probleem is niet hun lichaam, maar hun hoofd. In plaats van een chirurg hebben ze psychologisch advies nodig. Als iemand om gezondheidsredenen een ingreep wil laten uitvoeren, is dat heel iets anders – bijvoorbeeld als door een borstverkleining rugproblemen verholpen kunnen worden (dan betaalt de verzekering het). Iedereen die nadenkt over een schoonheidsoperatie, moet zich ervan bewust zijn dat een operatieve ingreep infecties, bloedingen, littekens en naroseproblemen met zich kan brengen. Het staat van tevoren ook niet vast of je tevreden zult zijn met het resultaat. Om een goede chirurg te vinden is het in elk geval de moeite waard om een afspraak bij de huisarts of de *gynaecoloog* te maken. Zij kunnen een arts aanbevelen.

SEKS //

Alle handelingen die je opwinden, vallen onder het trefwoord seks. Dat kan *petting* zijn, maar ook *geslachtsgemeenschap* of *zelfbevrediging*.

SEKSPOPPEN //

Levensgrote mannelijke of vrouwelijke poppen die kunstmatige geslachtsorganen hebben en vooral worden gebruikt voor *zelfbevrediging*. Er zijn maar weinig mannelijke poppen, terwijl er een enorm assortiment vrouwelijke te krijgen is – van de opblaasbare goedkope versie van ongeveer 20 euro tot een natuurgetrouwe, volledig beweegbare siliconenbabe met opwippende borsten en *schaamhaar*. Je kunt de grootte van de lippen, de plaatsing van moedervlekken en de oog- en haarkleur zelfs kiezen. Aan dat grapje hangt wel een prijskaartje van ongeveer 7000 euro.
→ *seksspeeltjes*

SEKSSHOP //

Winkels die *seksspeeltjes, condooms, porno*blaadjes en -films verkopen, worden seksshops of erotische winkels genoemd. Sommige hebben videocabines, waarin seksfilms vertoond worden, iets minder vaak kun je er een *peepshow* bekijken. In 1962 opende Beate Uhse in het Duitse Flensburg de allereerste seksshop. Deze winkel heette 'vakwinkel voor huwelijkshygiëne'.

SEKSSPEELTJES //

Voorwerpen waarmee je jezelf of anderen

tijdens *seks* stimuleert *(stimulatie)*, noem je seksspeeltjes. Deze zijn te koop in *seksshops*, op erotische beurzen en op het internet. Omdat de speeltjes alleen aan volwassenen verkocht mogen worden, zul je tot dat moment genoegen moeten nemen met alledaagse voorwerpen. Het is echter niet aan te raden om kaarsen of zo in je *vagina (geslachtsorganen)* of anus te stoppen, omdat deze verwondingen en infecties kunnen veroorzaken. Ook lege flessen kun je beter niet gebruiken, want flessenhalzen hebben de neiging om zich door onderdruk in de *vagina* of anus vast te zuigen, en dan moet je misschien naar de dokter om de fles te laten verwijderen. Beter zijn veren en ijsblokjes voor het prikkelen van de *erogene zones* en sjaals om je ogen te blinddoeken. Als je absoluut wortelen of bananen als vervanger voor een *dildo* wilt gebruiken, is het om hygiënische redenen belangrijk om een *condoom* te gebruiken. De populairste seksspeeltjes zijn *dildo's, vibratoren, liefdeskogels, buttplugs, sekspoppen* en natuurlijk *glijmiddelen.* De laatste kun je trouwens ook kopen als je nog geen achttien bent.

SEKSUEEL MISBRUIK //

Het is fijn om door iemand aangeraakt te worden of zelf iemand aan te raken.

Mensen hebben aanrakingen nodig en vanaf een bepaalde leeftijd ook *seks*. Als iemand je echter tot intimiteiten dwingt, gaat hij duidelijk te ver en is hij, afhankelijk van de situatie, strafbaar. Seksueel misbruik begint vaak met schijnbaar onschuldige handelingen zoals ongewone aanrakingen of opmerkingen over je lichaam en gaat langzaam over in seksueel misbruik. Wees dus op je hoede: je lichaam is van jou en niemand heeft het recht om zonder jouw toestemming dubbelzinnige opmerkingen over je lichaam te maken of het aan te raken. Ook niet als het een oom, je vader of een leraar is. Met een duidelijk 'nee' maak je duidelijk waar je grenzen liggen. Misschien weet je niet zeker of je seksueel wordt misbruikt, omdat de dader net doet alsof het heel normaal is wat hij doet. Vertrouw op je gevoel, want in de regel voel je heel goed of er iets niet klopt. Wat ze je ook proberen aan te praten, laat je niet intimideren en zoek hulp bij iemand die je vertrouwt. Als het misbruik buiten het eigen gezin plaatsvindt, kun je het best eerst met je ouders praten. Lukt dat niet, ga dan naar de ouders van je *hartsvriendin*, een leraar of een hulpinstantie.

SEKSVARIATIES //
Erotische variaties die voor afwisseling

in bed zorgen. Dat kunnen verschillende *standjes* zijn, maar ook *anale seks, pijpen, orale seks, groepsseks* of *sadomasochisme.*

SEXAPPEAL //
Ander woord voor erotische uitstraling. Mensen met sexappeal voelen zich thuis in hun lichaam, kunnen hun sterke kanten perfect inzetten, bewegen zich aantrekkelijk en communiceren vaak ook charmant. Sexappeal heeft minder met een *droomfiguur* te maken dan met een gezond zelfbewustzijn.

SLIPPERTJE // → *vreemdgaan*

SPERMA // → *zaadvloeistof*

SPIRAALTJE // → *voorbehoedmiddel*

STALKER //
Iemand die anderen net zo lang achtervolgt en/of telefonisch terroriseert tot deze zich lichamelijk en geestelijk aangevallen voelt. Ex-vrienden, schoolgenootjes, collega's op het werk, bekenden of vreemden – meer dan 80% van alle stalkers zijn mannen, de slachtoffers meestal vrouwen.

Stalkers lijden aan een minderwaardig-heidscomplex, hun beweegredenen zijn heel verschillend. De een probeert bijvoorbeeld zijn ex-partner terug te krijgen, de ander doet het omdat hij er een gevoel van macht van krijgt. Sommige stalkers achtervolgen beroemdheden omdat ze denken dat ze *verliefd* op ze zijn, en hopen op deze manier hun aandacht te trekken. Slachtoffers van stalking zijn in het begin meestal alleen geïrriteerd, later vaak angstig en depressief. Het slachtoffer moet bewijzen verzamelen en vrienden of bekenden inwijden, die als getuigen kunnen optreden.

STANDJES //

Er zijn veel verschillende houdingen waarin je *geslachtsgemeenschap* kunt hebben. Enkele daarvan zijn eenvoudig, andere vereisen een beetje oefening. Het is de bedoeling om posities te vinden die je lekker vindt – blijf dus ijverig experimenteren. Populaire standjes zijn de *missionarishouding,* de *hondjeshouding,* de *lepeltjeshouding,* de *amazonehouding* en *negenenzestig.* Heel aparte standjes vind je in de Indiase seksgids *Kamasutra.*
→ *seksvariaties*

STEMMINGWISSELINGEN //

Afwisselend uitbundig en neerslachtig. Erg vervelend, maar helaas waar: stemmingswisselingen horen bij volwassen worden. Tijdens de *puberteit* verandert de hormoonhuishouding *(hormonen)* in je lichaam. Daardoor worden ook je gevoelens beïnvloed en ben je het ene moment in een uitstekend humeur, terwijl je je even later afschuwelijk voelt. Het goede nieuws: dat blijft niet zo. Na 2 tot 3 jaar zijn de hormonale veranderingen in je lichaam voorbij en wordt de gevoelschaos minder.

STIJVE // → *erectie*

STIMULATIE //

Als je jezelf of iemand anders *geil* maakt, is dat seksuele stimulatie.

STRIPTEASE //

Een erotische dans op muziek, waarbij je het ene na het andere kledingstuk uittrekt *(uitkleden)*. Doel hiervan is om de toeschouwer seksueel op te winden *(lust)*. Het is helemaal niet zo gemakkelijk om een goede striptease te geven, daarom is het geen gek idee om van tevoren te oefenen. In sommige steden worden striptease-cursussen gegeven. Een goede zaak, want strippen verbetert je lichaamsbewustzijn en je houding, wat ook in het dagelijkse leven van pas komt.

SWINGERCLUB //

Hier ontmoeten mensen elkaar die het opwindend vinden om tussen verschillende partners heen en weer te pendelen (het Engelse 'swing' betekent pendelen). Swingerclubs zijn ook bij *voyeurs* en *exhibitionisten* heel geliefd, omdat zij zien en gezien worden heel belangrijk vinden.
→ *groepsseks*

SYFILIS // → *geslachtsziekten*

TAMPON //

Stop van samengeperste watten, die tijdens de *menstruatie* in de *vagina (geslachtsorganen)* geschoven wordt om het menstruatievocht op te nemen. Behalve het touwtje waarmee je de tampon uit de schede trekt en die naar buiten moet hangen, is de tampon onzichtbaar. Bij het zwemmen of in de sauna kun je het touwtje tussen je *schaamlippen* verstoppen – dan ziet niemand er iets van. Daarna moet je van tampon wisselen, want via het vochtige touwtje kunnen ziekteverwekkers je lichaam binnendringen. Tampons mogen niet langer dan 4 tot 8 ('s nachts!) uur in de schede blijven. De maat die je gebruikt, is afhankelijk van de sterkte van de bloeding. Is de tampon te groot, dan neemt hij naast het bloed ook schedevocht op die je *vagina* tegen ziekteverwekkers moet beschermen. Dat je de juiste maat hebt gebruikt, merk je doordat de tampon tot bovenaan vol menstruatievocht zit en gemakkelijk verwijderd kan worden. Sommige meisjes hebben problemen met het inbrengen als ze zitten

GOED OM TE WETEN!

Je hoeft niet bang te zijn dat de tampon ergens in je binnenste verdwijnt – aan het eind van de schede zit de baarmoedermond en op zijn laatst is de reis hier voorbij. Je kunt hem dus rustig ver naar boven schuiven. Pas als je hem niet meer voelt, zit hij op de juiste plek.

NIKS DAARVAN!

Een tampon is een voorbe-hoedmiddel.

Een tampon gebruik je alleen tijdens de menstruatie en beschermt niet tegen zwangerschap. Voor de geslachtsgemeenschap moet hij absoluut verwijderd worden, omdat je anders pijn kunt krijgen.

(op het toilet). Als je met een voet op de toiletrand gaat staan, rekt de schede uit en gaat het gemakkelijker. Je kunt het ook liggend proberen. Bij het inbrengen van de tampons kan het *maagdenvlies* beschadigd raken. Wie dat wil voorkomen, kan beter *maandverband* gebruiken.

TATTOO //

Bij het tatoeëren wordt kleurpigment met elektrische naaldenprikken in de huid aangebracht. Om een tatoeage een leven lang te laten zitten, wordt tot de onderste huidlagen gestoken, wat afhankelijk van de zenuwdichtheid van het lichaamsdeel soms meer en soms minder pijn doet. Bij jongeren onder de 16 is tatoeëren officieel het aanbrengen van lichamelijk letsel en daarom over het algemeen verboden. Tot je meerderjarig bent, heb je de schriftelijke toestemming van je ouders nodig. Een goede tatoeëerder zal naar je leeftijd en je gezondheid vragen, je mondeling en schriftelijk over alle risico's informeren en je na afloop een gebruiksaanwijzing voor de verzorging meegeven. In een goede tatoeagestudio is hygiëne heel belangrijk. Om je tegen ziekten zoals *aids* of *hepatitis* te beschermen, draagt de tatoeëerder latex handschoenen tijdens het werk en gebruikt hij steriele wegwerpnaalden, die nooit rechtstreeks in de verf gedoopt mogen worden. Ook op technisch gebied moet de studio op het hoogste peil staan. Vraag dus tot in detail voordat je tot actie overgaat, en ga ergens anders heen als je twijfelt. Denk na over de keuze en plek van het motief. Op een jonge bil is een klein lieveheersbeestje sexy, maar op je zestigste is dat heel anders. Het is ongeveer twintig keer zo duur om een tatoeage te laten verwijderen. Bovendien kan de huid verkleuren. Wees ook voorzichtig met biotatoeages – ze verbleken weliswaar op den duur, maar gaan nooit helemaal weg. Tatoeageverf kan allergieën veroorzaken. Als je hemofilie of suikerziekte hebt, een trombosebehandeling ondergaat of een infectieziekte hebt, is het niet goed om je te laten tatoeëren.

TELEFOONSEKS //

Als je elkaar via de telefoon seksueel getinte zinnen toefluistert en je jezelf daarbij bevredigt *(zelfbevrediging)*, wordt dat telefoonseks genoemd.

→ *dirty talk*

TEPELS //

zijn genetisch heel verschillend. Bij de een zitten ze verder naar boven dan bij de ander, soms zijn ze donker, soms licht. Er zijn tepels die afstaan, andere zijn plat. Zijn ze iets naar binnen gericht, dan noem je dat ingetrokken tepels – de oorzaak daarvan zijn meestal verkorte melkka-naaltjes. Ingetrokken tepels zijn niet erg of iets om je voor te schamen. Als je er toch moeite mee blijft houden, kan een gesprek met een dokter zinnig zijn. Om-dat er veel zenuwen in de tepels eindigen, behoren ze tot de *erogene zones.*
→ *borsten*

TESTIKELS // → *ballen*

TESTOSTERON // → *hormonen*

TE VROEG KLAARKOMEN //

Terwijl veel meisjes tijd nodig hebben voor een *orgasme,* komen jongens soms kort na de *penetratie (geslachtsgemeen-schap)* al klaar, wat vaak komt doordat ze heel gemakkelijk te prikkelen zijn en bo-vendien niet genoeg ervaring hebben om hun *orgasme* op te houden. Als dat ge-beurt, is het voor de jongen meestal heel gênant.

Hieronder volgen een paar tips die kunnen helpen om het probleem onder de knie te krijgen:

★ Toon begrip, want alleen oefening baart kunst. Als je hem onder druk zet, kan dat tot problemen bij de *erectie* leiden. Laat hem dus klaarkomen en vraag hem daarna jou door strelen tot een *hoogtepunt* te brengen.
★ Begin langzaam. Pauzes tijdens de *geslachtsgemeenschap* geven hem de kans om iets minder opgewonden te raken.
★ Gebruik *condooms,* want die verminderen de gevoeligheid van de *penis.*

TONGZOEN //

Omdat hierbij niet alleen jullie lippen, maar ook jullie tongen elkaar raken, is het de intiemste *kus* van allemaal. Hoe goed de kus voelt, is een kwestie van hartstocht en oefening. Meestal ontwikkelt iedereen in de loop der tijd zijn eigen kustechniek en nieuwe stelletjes moeten vaak eerst 'warmkussen'.

Hieronder volgen een paar tips voor de tongzoen:

★ Zorg voor een frisse adem en schone tanden.

- ★ Neem de tijd. Zoek zijn lippen met de jouwe, zuig er zacht aan, zonder je tanden te gebruiken.
- ★ Pas als jullie elkaars lippen uitvoerig onderzocht hebben, komt je tong langzaam in beeld. Probeer je mond niet te ver open te sperren.
- ★ Let erop dat je tong licht gespannen en niet te vochtig is. Een natte lap is niet erg sexy.
- ★ Vertrouw op je gevoel. Beweeg je tong licht en speels. De ene keer volg je zijn bewegingen, dan weer geef jij voorzichtig de toon aan.
- ★ Als je meer ervaring of gewoon meer talent hebt, laat hem dan zien hoe je gezoend wilt worden, en vraag hem om je na te doen.

Maak je geen zorgen als het niet meteen lukt. Sommigen zoenen in het begin te wild, anderen te vochtig. Wie iemand anders uitlacht, heeft meestal zelf een probleem. Misschien heb je wel een *hartsvriend* met wie je een beetje kunt oefenen. Anders zijn twee vingers ook een prima vervanger voor lippen.

→ *kussen*

TRANSSEKSUEEL //

Transseksuelen zijn mensen die de behoefte hebben bij het andere geslacht te horen. In tegenstelling tot *travestieten*, die zich alleen als man of vrouw verkleden, willen transseksuelen ook een lichamelijke verandering, bijvoorbeeld door plastische chirurgie of het innemen van *hormonen.*

TRAVESTIET //

Mensen die graag kleren van het andere geslacht dragen, worden travestieten genoemd. Homofiel of *lesbisch (homoseksualiteit)* zijn ze daarom niet – de meeste travestieten verkleden zich trouwens alleen privé.

TRIO //

(in het Frans: *ménage à trois*) betekent *seks* met z'n drieën. Dat kan afwisselend met z'n tweeën zijn, maar ook tegelijkertijd met z'n drieën.
→ *groepsseks*

UITKLEDEN //

kan soms behoorlijk gênant zijn, bijvoorbeeld als hij met de sluiting van je *beha* worstelt, terwijl jij aan de knoopjes van zijn jeans frunnikt. Tip: het is heel *erotisch* als jullie de tijd nemen om elkaar uit te kleden, en het langzaam en heel genotvol doen. Belangrijk is vooral dat jullie allebei hetzelfde willen. Bij twijfel dus over het onderwerp praten. Je partner zal je er zeker dankbaar voor zijn, want voor hem of haar kan het net zo belastend zijn als voor jou.

Heel moedige meisjes kunnen natuurlijk ook een striptease doen. Dat lukt alleen als je het echt wilt. Het beste kun je eerst voor de spiegel oefenen, zodat je optreden geen fiasco wordt.

UITMAKEN //

De tijd heelt alle wonden. Er zwemmen meer vissen in de zee. Ook al zit er iets in dergelijke opmerkingen, als je net in de steek bent gelaten, weet je zeker dat er nergens op deze planeet iemand is die zo geweldig is als je ex. En dat je nooit, maar dan ook nooit over hem heen zult komen. Wie zijn pijn wil overwinnen, moet het feit accepteren dat het eens en voor altijd uit is. Gemakkelijker gezegd dan gedaan? Dat klopt. Maar als je eerlijk bent, moet je toegeven dat hij bij je zou zijn, als hij echt van je hield. Wat heb je aan al je toewijding, als die maar van één kant komt? En wat een verspilling, als je bedenkt dat er ergens misschien een leuke jongen is die heel blij met je zou zijn. Zoek de schuld voor de mislukte *liefde* niet alleen bij jezelf. Denk goed na over de slechte kanten van je ex. Gaf hij je wat je nodig had? Heeft hij je niet veel te vaak gekwetst? En zal hij ooit veranderen? Bovendien is het handig om alles wat aan hem herinnert uit je omgeving te verbannen. Dus weg met zijn foto's en de cadeautjes die hij voor je heeft gemaakt. Je mag verdrietig zijn, want uitgebreid huilen terwijl je melancholieke muziek draait, lange gesprekken met goede vriendinnen en kleine afleidingsmanoeuvres, zoals uitstapjes met je vriendinnen, zorgen ervoor dat je over hem heen komt. Wie daar behoefte aan heeft, kan zijn

'We waren nog maar drie weken bij elkaar en toen maakte hij het uit. Ik was er helemaal kapot van en zo teleurgesteld. Het heeft een hele tijd geduurd voordat het beter met me ging.'

Anna, 14

'Toen Dennis het uitmaakte, was ik eerst hartstikke wanhopig, maar ik merkte al snel dat ik ook niet meer verliefd op hem was. Nu zijn we heel goede vrienden.'

Alina, 14

verdriet ook kwijt door erover te schrijven of het op een andere manier creatief de baas te worden. Op een bepaald moment wordt het minder en op een ochtend word je wakker en denk je niet als eerste aan hem, maar aan het feit dat je enorm veel trek hebt in toast en dat je met je vriendinnen moet bespreken wat jullie in het weekend gaan doen. Is die dag gekomen, dan heeft de tijd het grootste deel van haar werk gedaan en ga je algauw weer op stap – slank als nooit tevoren en een beetje verstandiger. (Tja, *liefdesverdriet* heeft nu eenmaal ook zijn positieve kanten.) En zie, de wereld is weer vrolijk en vol mogelijkheden.

VAGINA // → *geslachtsorganen*

VAGINALE WIND //

(Latijn *flatus vaginalis*, ordinair ook 'kutscheet' genoemd.) Door de in- en uitgaande bewegingen van de *penis* wordt bij de *geslachtsgemeenschap* lucht in de *vagina (geslachtsorganen)* gepompt. Als deze weer wegstroomt, ontstaan er soms scheetgeluiden. Deze vaginale winden zijn geen schande, want ze ruiken niet en hebben niets met winderigheid te maken. Toch schamen veel meisjes zich ervoor. De beste manier om hiermee om te gaan? Erover praten en er samen met je minnaar om lachen.

VASTE VRIEND // → *relatie*

VEILIGE SEKS //

is de enige manier om je bij *geslachtsgemeenschap* te beschermen tegen *aids* en andere *geslachtsziekten*. Veilige seks betekent dat je ervoor zorgt dat er geen schedevocht of *zaadvloeistof* of bloed van het ene lichaam in het andere terechtkomt. Ook als het moeilijk is: jongens die zich tegen veilige seks verzetten, moet je links laten liggen. Ze hebben geen verantwoordelijkheidszin, zijn een gevaar voor de maatschappij en verdienen jou niet.

Zo gaat veilige seks:

★ Gebruik *condooms* bij *geslachtsgemeenschap.*
★ Bij *orale seks* condooms (verkrijgbaar in apotheek en drogisterij) of dental dams (apotheek) gebruiken. Dental dams (beflapjes) zijn dunne latex doekjes. Ze worden met *glijmiddel* bevochtigd en voor *orale seks* met de bevochtigde kant op de vulva *(geslachtsorganen)* gelegd. Eventueel kun je ook een opengesneden condoom of scheurvrije huishoudfolie nemen. Na één keer gebruiken moeten beflapjes, condooms en huishoudfolie weggegooid worden. Natuurlijk kunnen condooms ook scheuren. De oplossing: praat met elkaar, het liefst voordat je met elkaar in bed stapt. Hoe meer je over het seksuele verleden van de ander weet, des te beter. Als jullie nog heel jong zijn, is de kans dat een van jullie tweeën geïnfecteerd is weliswaar

klein, maar je weet het tenslotte nooit. In de roes van de gevoelens worden risico's graag verdrongen. Achteraf komt het nare wakker worden, alleen is het dan misschien te laat. Wees dus slim en zorg ervoor dat je altijd condooms en dental dams bij de hand hebt. Om vervelende discussies met je liefste te vermijden kun je het omgaan met condooms thuis op een banaan of een bezemsteel oefenen en tijdens de *seks* heel nonchalant bij hem omdoen. Wees trouw, want als je vaak van sekspartner wisselt, loop je het gevaar dat je een keer iemand tegenkomt die ziek is. Als jullie elkaar beter kennen, jullie elkaar vertrouwen en van plan zijn langer bij elkaar te blijven, kunnen jullie je bij de huisarts op HIV en, als je helemaal zeker wilt zijn, ook op andere *geslachtsziekten* laten testen. Bij dokters kost het bloedonderzoek ongeveer 25 euro, bij de geneeskundige dienst is het meestal gratis. Is alles in orde, dan hoeven jullie geen condooms en dergelijke meer te gebruiken. Als een van jullie een keer een *slippertje* maakt *(vreemdgaan),* dan is veilige seks natuurlijk verplicht.

VERKRACHTING //

Als iemand tegen je wil seksuele handelingen bij je uitvoert (bijvoorbeeld je
schede vastpakt) spreek je van seksuele
dwang. De ergste vorm van seksuele
dwang is de verkrachting, de poging dus
om met *penis,* vinger of een voorwerp
anaal, oraal of vaginaal in je binnen te
dringen. Seksuele dwang is een aanval
op je seksuele zelfbeschikking en wordt
bij aangifte strafrechtelijk vervolgd. Het
maakt niet uit hoe kort je rokje was of
hoe hevig je hebt geflirt – er zijn geen
rechtvaardigingen voor gewelddadige *seks.*
Laat je niet intimideren: de dader heeft
je vernederd en misbruik gemaakt van zijn
macht – de verantwoordelijkheid ligt alleen bij hem. Verkrachtingsslachtoffers
komen vaak in een maalstroom van tegen-
strijdige gevoelens terecht. Een eerste
stap uit de crisis kan een gesprek met een
goede vriendin zijn, professionele hulp
kun je bij adviesbureaus krijgen. Ook als
je nog niet weet of je aangifte wilt doen,
moet je je binnen 24 uur door een dokter
laten onderzoeken. Om de verkrachting te
kunnen bewijzen is het beter om je voor
het bezoek aan de arts niet te wassen. De
dokter moet schrammen en bloeduitstor-
tingen ook buiten de schaamstreek vast-
stellen, bovendien mag er niets weggegooid worden wat met de dader in aanraking is geweest, zelfs als dat *maandver-*

band of een *tampon* is. Hoe minder goed je de dader kent, des te makkelijker is het om aangifte te doen. Vaak is de dader echter afkomstig uit je sociale omgeving, niet zelden is het de eigen partner. Als je hem toch aangeeft, kan het je helpen om de verkrachting psychisch te verwerken, want hoe hulpeloos je tijdens de daad ook was, nu ben je dat niet meer. Elke aangifte schrikt daders van andere verkrachtingen af. Als ze er ongestraft afkomen, voelen ze zich in bepaalde omstandigheden bevestigd. Wie aangifte doet, bewijst dus niet alleen zichzelf, maar ook alle andere vrouwen een grote dienst.

VERLIEFD //

Vlinders in je buik, je hart slaat over? Geen twijfel, je bent verliefd! Geluksgevoelens brengen je in een roes die eeuwig moet duren. Maar deze hormonale uitzonderingssituatie is nooit blijvend en niet te verwisselen met *liefde.* Als het tussen twee mensen vonkt, heeft dat namelijk vooral met chemie te maken. Goed, de eerste indruk gaat via de ogen: is een jongen groot of klein, blond of donker, draagt hij klassieke of moderne kleding. Maar toch beslist niet alleen de vrije wil. Of iemand de oogtest doorstaat, heeft er namelijk ook mee te maken of we negatieve of positieve gevoelens van zijn uiter-

'Ik ben verliefd op een klasgenootje, maar ik denk dat ik geen kans bij hem maak. Ik weet niet wat ik moet doen. Mijn vriendinnen zeggen dat ik het initiatief moet nemen.'

Lena, 14

lijk krijgen, dus bijvoorbeeld of zijn lach aan je geliefde ex of aan de gehate wiskundeleraar doet denken. Maar het uiterlijk is niet alles. Een groot deel van de partnerkeuze gaat via de neus. We scheiden allemaal bepaalde stoffen af, die bepalen of we elkaar verdragen. Deze stoffen, die feromonen worden genoemd, zijn prikkeldragers, die via vaginale afscheidingsproducten en lichaamszweet uitgescheiden worden. Dat we deze kunnen waarnemen, ligt aan ons vomeronasaal orgaan of vno. Dat is een soort zesde zintuig dat in onze neus zit en ongeveer 1000 keer gevoeliger is dan de neus zelf. Als iemand geen deo of parfum gebruikt, kunnen we via het vno zijn genencocktail opsnuiven, die we, afhankelijk van de cyclusfase *(menstruatie),* anders beoordelen. Op *vruchtbare dagen* zijn we erg gevoelig voor mannelijke mannen, omdat hun erfgoed sterk van ons erfgoed verschilt, het dus een aanvulling is en daardoor zorgt voor een gezonde nakomeling. Omdat de genen ook in het gezicht weerspiegeld worden, geven we in deze periode de voorkeur aan jongens met sterke gelaatstrekken. Buiten de vruchtbare tijd vallen we op softere types, met erfgoed dat overeenkomt met ons erfgoed, omdat zij trouw en toewijding bij de opvoeding van een kind beloven. Dat alles gebeurt onbewust en zelfs als we helemaal niet van plan zijn om een baby te krijgen. Na de eerste vonk zorgen de hersenen voor een hormoonvuurwerk, dat ervoor zorgt dat we verliefd worden. Een van deze *hormonen* is fenylethylamine (FEA), dat ervoor zorgt dat je je 'high' voelt als je 'hem' ziet en je zijn zwakke punten niet opmerkt. Geen wonder, want puur chemisch gezien behoort FEA tot de amfetaminen, die in veel stimulerende drugs voorkomen. Ook het feit dat we in het stadium van de eerste verliefdheid geen honger hebben, komt door FEA. Daarnaast stimuleert dopamine het *lust-* en beloningscentrum in de hersenen, wat tot seksueel verlangen leidt, terwijl de stress*hormonen* adrenaline en noradrenaline vlinders in onze buik veroorzaken en ons lichamelijk prestatievermogen verhogen. Serotonine is een hormoon dat ons een goed humeur bezorgt. Stelletjes die net verliefd zijn, hebben een serotoninespiegel die op hetzelfde niveau ligt als mensen die last hebben van dwangmatig gedrag, waardoor ze aan niets anders kunnen denken dan aan hun partner en sneller *jaloers* worden dan normaal. Het biologische nut van deze hormoonroes is dat jullie elkaar zo lang trouw blijven tot een verondersteld kind zelfstandig begint te worden. Na maximaal 3 tot 4 jaar kalmeren de *hormonen*. Dat betekent echter niet dat het nu voor-

'Bij mij was het liefde op het eerste gezicht. Ik zag Jan en dacht wow! Vanaf dat moment kon ik alleen nog aan hem denken en voelde ik me aldoor heel misselijk in zijn buurt.'

Lena, 14

'Mijn vriend en ik zijn al een tijd bij elkaar, maar ik ben verliefd op zijn beste vriend. Ik ben nooit wat met hem begonnen, maar ik krijg hem gewoon niet uit mijn hoofd.'

Julia, 16

bij moet zijn. Als stellen meer samen hebben dan alleen hartstocht, kan uit verliefdheid *liefde* groeien.

VIBRATOR //

Dat is een *dildo* die door middel van een elektromotor kan vibreren. Vibratoren zijn fantastisch om de *clitoris (geslachtsorganen)* of andere *erogene zones* te stimuleren, maar worden ook vaginaal of anaal ingebracht. Inmiddels zijn er zelfs modellen met roterende kogels die de schede-ingang masseren of exemplaren met een beweegbare *voorhuid.* Net als *dildo's* kunnen vibratoren het best van acrylglas, aluminium, roestvrij staal, glas, graniet, ahornhout, silicon of natuurlatex zijn. Na gebruik goed schoonmaken en bij gezamenlijk gebruik uit voorzorg een *condoom* omdoen.

→ *seksspeeltjes*

VLUGGERTJE //

Snelle, spontane *seks* noem je een vluggertje. *Voorspel* en romantiek komen er meestal niet aan te pas. In eerste instantie gaat het hierbij om snelle bevrediging. Belangrijk bij *seks* met vreemden: *condooms* niet vergeten.

→ *geslachtsgemeenschap·*

VOORBEHOEDMIDDELEN //

Wie zich wil beschermen tegen een *zwangerschap,* heeft veel te kiezen, want er zijn net zoveel voorbehoedmiddelen als er water in de zee is. Je kunt je het best door je huisarts of *gynaecoloog* laten voorlichten. De veiligste bescherming bieden hormoonpreparaten *(hormonen).* Sommige daarvan verminderen sterke en/of pijnlijke *menstruaties, puistjes* en haaruitval. Wie de *pil* wil gaan gebruiken, moet erover nadenken of het wel lukt om die elke dag op hetzelfde tijdstip in te nemen. Goed om te weten: sommige hormoonpreparaten worden door medicijnen zoals antibiotica of sint-janskruid in hun werking beïnvloed – daarom altijd de bijsluiter lezen. Hieronder volgt een overzicht van de meest gebruikelijke voorbehoedmiddelen. Ook *condooms* behoren daartoe. Die beschermen bovendien tegen *geslachtsziekten.*

Chemische voorbehoedmiddelen

Daaronder vallen crèmes, gels of zetpillen, die in de schede ingebracht worden en de taak hebben om zaadcellen onbeweeglijk te maken. Chemische voorbehoedmiddelen moeten altijd samen met een condoom worden gebruikt. Daarbij moet je goed opletten dat de stoffen in de voorbehoedmiddelen en het latex elkaar verdragen.

Diafragma of pessarium

Deze buigzame, met latex bespannen rubberen ring wordt kort voor de *geslachtsgemeenschap* met zaaddodende gel bestreken en in de schede ingebracht. Daar zit hij voor de baarmoedermond en zo verspert hij de zaadcellen de weg naar de baarmoeder. Diafragma's zijn er in verschillende maten en ze moeten door de *gynaecoloog* aangemeten worden. Hij/zij laat je ook zien hoe je het gebruikt. Een diafragma heeft geen bijwerkingen. Gewichtsschommelingen van ongeveer 5 kilo of meer en vettige *glijmiddelen* verminderen de veiligheid. Bovendien moet het diafragma regelmatig op scheuren en gaatjes worden gecontroleerd, door het met water te vullen of tegen het licht te houden. Na de *seks* moet het diafragma nog 8 uur in de schede blijven, net zo lang tot de zaadcellen die daar rondzwemmen onvruchtbaar zijn. Na gebruik schoonmaken met zuiver water, afdrogen en donker bewaren. Een diafragma gaat maximaal 2 jaar mee en moet regelmatig door de *gynaecoloog* gecontroleerd worden.

Hormoonimplantaat

Dit luciferlange en 2 millimeter dikke, buigzame kunststof staafje bevat een hormoonvoorraad en wordt onzichtbaar in

het onderhuidse vetweefsel van de binnen-
bovenarm ingebracht. Daar geeft het kleine hoeveelheden *hormonen* aan het lichaam af. De ingreep wordt door een spe-
ciaal daarvoor getrainde arts uitgevoerd.
Het duurt maar een paar minuten en gebeurt meestal onder plaatselijke verdoving. Hormoonstaafjes moeten na ongeveer 3 jaar vervangen worden, de werking
komt overeen met de *pil,* maar schijnt nog
veiliger te zijn. Mogelijke bijwerkingen
zijn hoofdpijn, gewichtstoename, *puistjes*
en gespannen borsten. Maag- en darm-
klachten beïnvloeden de werking niet.
Soms wordt de *menstruatie* heviger, bij
sommige vrouwen blijft deze na enige tijd
ook weg.

Hormoonspiraal

Kunststof voorwerp, voorzien van *hormonen* die het baarmoederslijm dikker en
dus moeilijk doorlaatbaar voor *sperma*
maken. Het hormoonspiraal wordt door de
gynaecoloog in de baarmoeder ingebracht.
Bij vrouwen die geen kinderen hebben, is
de baarmoeder soms te klein, zodat ze
voor een ander voorbehoedmiddel moeten
kiezen. Mogelijke bijwerkingen zijn gespannen borsten, *stemmingswisselingen,*
puistjes, afnemend *libido,* menstruatie-
stoornissen en een licht verhoogde kans
op eierstokcysten. Bij het inbrengen en

daarna ontstaat vaak pijn in de onderbuik, later voel je het spiraal niet meer. Ondanks de lage hormoonconcentratie geldt het hormoonspiraal als heel natuurlijk, bovendien hoeft het pas na 5 jaar vervangen te worden. Anders dan bij de *pil* blijf je je natuurlijke cyclus houden, zodat je in theorie zwanger kunt raken zodra het hormoonspiraal verwijderd is. Net als bij de *pil* kan het hormoonspiraal pijnlijke *menstruaties* verzachten en verkorten. Je hebt geen last van karakteristieke *pil*problemen, zoals dat je hem vergeet in te nemen, en diarree en overgeven beïnvloeden de werking niet.

Femcap

Siliconenkapje dat net als het diafragma voor de *geslachtsgemeenschap* met *sperma*dodende gel wordt bestreken en voor de baarmoedermond wordt geplaatst. De femcap is zonder recept bij de apotheek te krijgen, is in verschillende maten verkrijgbaar en past zich aan de schede aan. Bij juist gebruik en goede kennis van het eigen lichaam is dit een veilige methode.

Sympto-thermale methode

Natuurlijke methode, waarbij je je *vruchtbare dagen* vaststelt door elke ochtend je temperatuur op te meten en het baar-

moederslijm *(witte vloed)* en de baarmoedermond in de gaten te houden. Deze
natuurlijke methode vereist dat je je lichaam heel goed kent. Voor jonge vrouwen
is deze methode niet geschikt omdat zij
nog geen regelmatige cyclus hebben.

Pil

Vliegreizen, stress, ziekten
en veel andere gebeurtenis-
sen kunnen ertoe leiden dat
je cyclus verschuift.

Bedoeld wordt de micropil, de nieuwste
generatie anticonceptiepillen dus, die ondanks de lage hormoondosering veilig
beschermt. Je kunt hem al op je 14^{de}
laten voorschrijven. Normaal gesproken
is daarvoor toestemming van de ouders
nodig, maar als de dokter denkt dat je er-
aan toe bent, krijg je hem ook zonder hun
toestemming. Vanaf 16 jaar mag je zelf
beslissen. De arts heeft zwijgplicht en mag
niets tegen je ouders zeggen. Je begint
de pil te slikken op de eerste dag van je
menstruatie. Vanaf dat moment ben je
beschermd tegen een *zwangerschap.* Het
hormoon houdt het rijpingsproces van de
eicellen tegen, zorgt voor dik baarmoederslijm dat het zaad niet doorlaat en verhindert de opbouw van het baarmoederslijmvlies, waardoor het eitje zich niet
kan innestelen. De meeste pillen worden
3 weken lang dagelijks geslikt, daarna
volgt een pauze van 1 week, waarin de
menstruatie plaatsvindt. In deze fase ben
je ook beschermd tegen een *zwanger-*

schap. Bij juiste inname is de pil voor bijna 100% betrouwbaar. Als prettig bijeffect verminderen *puistjes* en haaruitval. De nadelen: fouten bij het slikken, overgeven, diarree of het innemen van bepaalde medicijnen kunnen de werking beïnvloeden – alcohol heeft echter geen invloed op de veiligheid. Bovendien verhoogt de pil het risico op trombose, wat vooral voor rooksters een probleem kan zijn. Sommige meisjes klagen over misselijkheid, gewichtstoename en een verminderd *libido.* Wie problemen met haar pil heeft, kan een pil met een lagere dosering of een andere combinatie *hormonen* proberen. De pil met de laagste dosering is de minipil. Deze wordt zonder pauze elke dag ingenomen, ook tijdens de *menstruatie.* Nadeel van de traditionele minipillen: ze moeten altijd op hetzelfde tijdstip ingenomen worden – de speelruimte is maximaal drie uur. Inmiddels is er echter een nieuwe minipil waarvoor dat niet meer geldt.

Morning-afterpil

Condoom gescheurd of weggegleden? De *pil* vergeten? Dat kan gebeuren en je kunt er heel zenuwachtig van worden. Gelukkig is er de morning-afterpil. Daarmee wordt een *zwangerschap* met grote waarschijnlijkheid voorkomen, op voorwaarde dat je hem binnen 72 uur na de *geslachts-gemeenschap* inneemt. Omdat de morning-afterpil een enorme hoeveelheid *hormonen* bevat, moet je hem alleen in geval van nood slikken. Hoe eerder je dat doet, des te zekerder is de werking. De morning-afterpil wordt door een dokter voorgeschreven. Heb je hem in het weekend of op een feestdag nodig, dan kun je een recept bij een weekenddienst halen. De morning-afterpil bestaat uit 1 of 2 pillen. Inmiddels is de morning-afterpil heel goed te verdragen. Mogelijke bijwerkingen zijn tussentijdse bloedingen, hoofdpijn, gespannen borsten en misselijkheid. Wie binnen 3 uur na het innemen van de pil overgeeft, moet een nieuw recept halen en hem opnieuw innemen. Normaal gesproken begint daarna de *menstruatie* op het gebruikelijke tijdstip. Blijft deze binnen de volgende 3 weken uit, dan moet je een zwangerschapstest laten doen. Zijn er meer dan 72 uur na het ongelukje verstreken, dan kun je altijd nog een spiraaltje laten plaatsen. Dit verhindert dat het bevruchte eitje zich in de baarmoeder nestelt.

Als je de micropil neemt, kun je je menstruatie verschuiven (bijvoorbeeld als je een strandvakantie plant). In dat geval begin je aan het eind van de laatste strip meteen met de volgende en slik je de pil net zo lang door (maximaal 14 dagen) tot je je menstruatie wilt krijgen. Dan neem je, zoals je gewend bent, een pauze van 7 dagen en begin je aansluitend met een nieuwe, complete strip (21 pillen).

Spiraaltje

Klein kunststof voorwerp dat met een koperen draad omwikkeld is. Het spiraal wordt door de *gynaecoloog* in de baarmoeder ingebracht, waar het als een indringer wordt beschouwd en een afstootreactie wordt opgewekt dat innestelen van het eitje voorkomt. Ook de koperdraad maakt het innestelen van het eitje moeilijk en remt bovendien de beweeglijkheid van de zaadcellen. Het spiraaltje moet na 3 tot 5 jaar vervangen worden, bij het inzetten en daarna kan pijn in het onderlichaam voorkomen. Voordeel van het spiraaltje: het heeft geen invloed op de hormoonhuishouding, bovendien zijn ongelukjes door verkeerd gebruik, misselijkheid en/of overgeven uitgesloten. Bijwerkingen kunnen ontstekingen, sterke *menstruatiepijn,* bloedingen en eileiderzwangerschappen zijn. Bij vrouwen die geen kinderen hebben, is de baarmoeder vaak te klein voor een spiraaltje, zodat zij een andere voorbehoedmiddel moeten kiezen. Soms gebeurt het dat het spiraaltje door het lichaam wordt afgestoten.

Vaginale ring

Flexibele, met *hormonen* verrijkte kunststof ring die je net als een *tampon* in de schede inbrengt. Daar geeft de ring een lage hoeveelheid *hormonen* af. De vaginale ring is net zo betrouwbaar als de *pil.* Hij moet na 3 weken verwijderd worden, er volgt een pauze van 1 week waarin de *menstruatie* plaatsvindt, en daarna breng je een nieuwe ring in. Als de ring uit de schede glijdt, moet hij afgewassen en zo snel mogelijk weer ingebracht worden, want na 3 uur is de bescherming niet meer gegarandeerd. Diarree en overgeven hebben geen invloed op de werking, maar er kunnen bijwerkingen voorkomen zoals hoofdpijn, ontstekingen aan de schede en afscheiding. Het is nog niet duidelijk of de ring een verhoogd trombosegevaar vormt.

Hormoonpleister

Deze plak je bijvoorbeeld op je buik of je bil, waar de pleister *hormonen* afgeeft die net zo goed beschermen als de *pil*. De pleister blijft 3 weken zitten en wordt dan weggehaald. Na een pauze van een week, waarin de *menstruatie* plaatsvindt, wordt een nieuwe pleister opgeplakt. Zelfs zwemmen en saunabezoek hebben geen invloed op de werking. Als de pleister een keer loslaat, moet hij binnen 24 uur door een nieuwe pleister vervangen worden. Hormoonpleisters worden als heel veilig beschouwd, ook bij diarree en overgeven. De bijwerkingen komen overeen met die van de *pil*, en daarnaast kan de huid reageren in de vorm van rood worden. Niet geschikt voor vrouwen die meer dan 90 kilo wegen.

VOORHUID //

Deze omsluit de top van de *penis (eikel)* en beschermt hem tegen verwondingen, wrijving en vochtverlies.
→ *besnijdenis*

VOORSPEL //

vindt in het ideale geval plaats voor de *geslachtsgemeenschap* en is bedoeld om elkaar op te winden *(stimulatie).* Het voorspel is vooral voor meisjes belang-rijk, want terwijl de meeste jongens al bij de gedachte aan *seks* op gang komen, hebben meisjes vaak wat meer tijd nodig. Alleen als we opgewonden zijn, produ-ceert de schede *(geslachtsorganen)* vol-doende vocht *(glijmiddelen)* voor soepele, fijne *seks.*

VOORVOCHT //

Bij seksuele *opwinding (lust)* kan de *penis* al voor de *zaadlozing* wat vocht afschei-den. Let op: dit vocht kan zaad bevatten en bij contact met de *vagina (geslachts-organen)* tot een *zwangerschap* leiden.
→ *coitus interruptus*

VOYEUR //

(Frans voor 'ziener'.) Mensen die opge-wonden raken van het kijken naar spaarzaam geklede of naakte mensen (bij *seks*), worden voyeurs of *gluurders* genoemd. Ze komen vaak op plekken waar veel bloot te zien is (zoals sauna, zwembaden, *swingerclubs*). Tot op zekere hoogte wordt gluren als normaal beschouwd. Wie mensen echter zonder toestemming in hun huis of op een andere beschermde plek filmt of fotografeert, krijgt een boete of een gevangenisstraf van maximaal 1 jaar. Het tegenovergestelde van een voyeur is een *exhibitionist.*

VREEMDGAAN //

Of jij nu vreemdgegaan bent of je vriend – bedrog is een vertrouwensbreuk en een teken dat er iets niet klopt in jullie *relatie.* De hoogste tijd dus om uit te zoeken wat er mis is. Soms bedrieg je iemand omdat je het gevoel hebt dat je onbegrepen bent en verwaarloosd wordt. Of je zoekt een nieuwe kick, omdat de *relatie* een sleur is geworden. Als de oorzaak is gevonden, kan de *liefde* soms gered worden. Zijn de gevoelens weg, dan is het beter om uit elkaar te gaan, zodat je allebei een kans hebt om iemand te vinden met wie het beter lukt *(scheiding).* Waar vreemdgaan begint, is moeilijk te zeggen en hangt ervan af hoe ruimdenkend jullie met elkaar omgaan. Voor velen begint het al met een *flirt,* voor anderen pas met *seks.* Het is

'Ik vind dat je niet moet vreemdgaan als je een relatie hebt. Maar als het toch gebeurt, dan alleen met een condoom.'

Julia, 16

157

handig als jij en je geliefde op dit punt dezelfde mening hebben. Zo niet, dan is *jaloezie* namelijk niet te vermijden.

VRUCHTBARE DAGEN //

Als je menstrueert, laten je eierstokken *(geslachtsorganen)* een keer per maand (ongeveer 12 tot 16 dagen voordat je *menstruatie* begint) een eicel los. Sommige meisjes voelen hun eisprong door bepaalde lichamelijke reacties. Tekenen kunnen bijvoorbeeld gevoeligere *borsten,* tussentijdse bloedingen of meer zin in *seks* zijn. Anderen voelen hun eisprong helemaal niet. Hoe dan ook, na de eisprong kan het eitje ongeveer 24 uur lang door een zaadcel bevrucht worden *(zwangerschap).* Als je kort voor je eisprong *geslachtsgemeenschap* hebt, kan het zijn dat er al zaadcellen in je lichaam rondzwemmen. Omdat ze daar een paar dagen kunnen overleven, gaan we uit van ongeveer 7 vruchtbare dagen. Als je weet wanneer deze dagen zijn, kan dat ook als een *voorbehoedmiddel* worden beschouwd, maar deze methode is heel onbetrouwbaar en absoluut niet aan te bevelen.

Het is mogelijk dat je voor je eerste menstruatie zwanger raakt! Dat komt doordat de eisprong ongeveer 14 dagen voor het begin van je menstruatie plaatsvindt en je vanaf dat moment vruchtbaar bent. Omdat je niet weet wanneer de eerste menstruatie plaatsvindt, moet je je absoluut bij elk geslachtsgemeenschap beschermen.

WITTE VLOED //

Vind je soms een licht zurig ruikend slijm in je ondergoed? Maak je geen zorgen – dit slijm, dat ook wel cervixslijm wordt genoemd, komt uit de baarmoederhals en is een onschuldig voorteken van de *menstruatie.* Als je al menstrueert, verandert het slijm tijdens de cyclus. In het begin is het taai en kleverig. Tijdens de eisprong wordt het heel helder, dun vloeibaar en kun je er elastische draden tussen de vingers mee vormen. Na de eisprong produceer je minder slijm, het wordt dikker en vormt ten slotte een soort plug, die de baarmoederhals beschermt tegen zaadcellen en ziekteverwekkers. Sommige vrouwen gebruiken het kijken naar de samenstelling van het cervixslijm als *voorbehoedmiddel.* Omdat je cyclus de eerste jaren heel onregelmatig is, kun je daar niet op vertrouwen. Is de witte vloed heel sterk, dan helpen inlegkruisjes, die er inmiddels ook voor strings zijn. Als de witte vloed vies ruikt, groengeel verkleurt en je schede begint te jeuken of te branden, moet je absoluut naar je huisarts of *gynaecoloog* gaan.

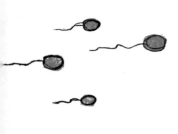

ZAADLOZING //

Dit is de *sperma*golf, die bij het *orgasme* uit de top van de *penis (eikel)* spuit.

ZAADOPHOPING //

Sommige mensen geloven dat er bij gebrek aan *orgasmen sperma* in de *ballen* ophoopt. Dat is echt grote onzin. De ballen produceren weliswaar voortdurend *zaadvloeistof,* maar zogenaamde *natte dromen,* dus nachtelijke onwillekeurige *zaadlozingen,* zorgen ervoor dat alles in evenwicht blijft.

NIKS DAARVAN!

... een heet bad na de geslachtsgemeenschap verhindert een zwangerschap.

Deze methode werkt absoluut niet! Een heet bad doodt het sperma niet.

ZAADVLOEISTOF //

Wordt ook *sperma* of ejaculaat genoemd. Witachtige substantie die uit zaadcellen en twee verschillende vloeistoffen bestaat, die de zaadcellen beschermen tegen het zure schedevocht, ze voeden en ervoor zorgen dat ze zich gemakkelijk voortbewegen in de *vagina (geslachtsorganen).* In 2 tot 3 ml ejaculaat zwemmen tot 300 miljoen zaadcellen. In vloeibare

toestand is *sperma* vruchtbaar en kun je er, als het via *geslachtsgemeenschap* of de vingers in de schede terechtkomt, *zwanger* van worden. In de *vagina* overleven de zaadcellen maar een paar uur, omdat ze niet goed tegen de zure omgeving kunnen. Dringen ze tot de baarmoeder door, dan overleven ze daar minstens 4 tot 5 dagen. In de lucht overleven zaadcellen een paar uur, maar alleen als ze door zaadvloeistof zijn omgeven. Droogt dat uit, dan sterven de zaadcellen razendsnel. De kans dat je zwanger raakt van opgedroogd *sperma* is klein.
→ *zaadlozing*

ZELFBEVREDIGING //

Nee, van zelfbevrediging word je niet dom, het veroorzaakt geen afscheiding *(witte vloed)* of bloedingen en je krijgt er ook geen kromme rug van. Integendeel, soloseks is goed voor je, want een *orgasme* vermindert stress, traint de bekkenbodem (wat de *lust* gevoelens verhoogt) en kan zelfs hoofd- en *menstruatiepijn* verzachten. Bovendien is soloseks de beste voorbereiding op *seks* met z'n tweeën, want het helpt je ontdekken waar je *erogene zones* liggen en hoe je het best een *orgasme* krijgt. Als je het wilt uitproberen, moet je de tijd nemen en een rustig plekje zoeken. Je kunt eerst proberen je *clitoris (geslachtsorganen)* te stimuleren. Het zichtbare deel van de *clitoris* ziet eruit als een erwt en ligt aan het begin van de binnenste *schaamlippen.* Omdat hier zenuwen eindigen, reageert ze bijzonder gevoelig op aanrakingen. Bij *opwinding (lust)* produceert de schede vocht, een natuurlijk *glijmiddel.* Als je met je vinger in je schede gaat, maak je hem vochtig en kun je daarmee je *clitoris* natmaken. Als je niet vochtig genoeg bent, lukt het ook met spuug of *glijmiddel.* Het is meestal geen prettig gevoel om je *clitoris* te stimuleren als hij droog is. Terwijl je dit gebied onderzoekt, kun je jezelf met je andere hand strelen of in de schede binnendringen en je *g-spot* zoeken en stimuleren. Wie niet opgewonden raakt, kan erotische fantasieën proberen. Daar hoef je absoluut geen remmingen in te hebben. Alles wat opgewonden maakt, is goed – van een *vluggertje* met Brad Pitt tot een anonieme orgie. Zelfbevrediging noemen we ook *onanie* of *masturbatie.*

ZWANGERSCHAP //

Van *seks* kun je zwanger raken als er *sperma* in de schede *(geslachtsorganen)* terechtkomt die een rijpe eicel bevrucht. De volgende tekenen kunnen op een zwangerschap wijzen:

★ Je *menstruatie* blijft uit of is zwak en duurt maximaal 1 dag.

★ Je bent misselijk, hoewel je niets verkeerds hebt gegeten en niet te veel alcohol hebt gedronken.

★ Je bent de hele tijd moe en hebt buik- en rugpijn, zoals je anders alleen tijdens je *menstruatie* hebt.

★ Je *borsten* zetten op, je *tepels* worden gevoeliger en later ook donkerder.

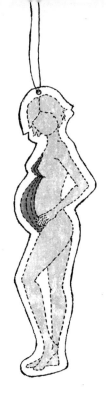

Als je denkt dat je zwanger bent, moet je zo snel mogelijk een zwangerschapstest doen, want hoe vroeger je het weet, des te meer tijd heb je om erover na te denken wat je nu moet doen. Als je tot een *abortus* besluit, moet deze namelijk binnen de eerste 12 weken plaatsvinden. Zwangerschapstesten zijn verkrijgbaar bij de apotheek of de drogist en kosten ongeveer 10 euro. Zekerder is een bezoek aan de huisarts, die je kan doorverwijzen naar de *gynaecoloog* voor een echoscopie van je baarmoeder. Ook als je de test thuis doet en vaststelt dat je zwanger bent, moet je het resultaat nog een keer bij de huisarts laten controleren. Wie besluit om het kindje te krijgen, moet beseffen dat een baby een levend wezen is dat 24 uur per dag verzorgd, opgevoed en gestimuleerd wil worden. Kortom, het is een heel inspannende en verantwoordelijke baan om een kind op te voeden,

'Toen ik merkte dat ik zwanger was, was dat nogal een schok. Vlak daarvoor had ik het uitgemaakt met mijn vriend en ik wist niet hoe ik het alleen met een baby moest redden. Ik wilde absoluut een abortus. Maar toen zei mijn moeder dat zij op de baby zou passen als ik naar school was. Nu ben ik dolblij dat Linus (2 jaar) er is, hoewel het soms heel zwaar is om voor hem te zorgen.'

Meret, 17

NIKS DAARVAN!

... zwanger worden door sperma in bad.

Als je vriend een zaadlozing in de badkuip heeft, sterven de zaadcellen heel snel in het water. Het is dus bijna onmogelijk om op die manier zwanger te worden, behalve als je onbeschermde geslachtsgemeenschap hebt gehad.

die vaak heel erg onderschat wordt. Wees dus eerlijk tegen jezelf en vraag je af of je dat echt kunt en wilt. Als je bang bent om er met je ouders over te praten, moet je zo snel mogelijk gaan praten bij een adviesbureau. De adviseurs die daar werken, hebben zwijgplicht. Bovendien hebben ze veel begrip voor je situatie, staan ze open voor al je vragen en zullen ze je helpen een beslissing te nemen. Daarnaast kun je vragen welke rechten en mogelijkheden (ook voor wat betreft financiële steun) je als zwangere hebt en waar je gratis onderdak vindt als je thuis weg wilt (moeder-kindtehuizen). Maar misschien heb je begrijpende ouders en/of grootouders, die voor het kind willen zorgen terwijl jij naar school gaat of een opleiding volgt. Als je geen moeder wilt worden, maar ook geen *abortus* wilt, kun je het kind laten komen en het laten adopteren. Een aantal ziekenhuizen en sociale instellingen hebben babyvakken, waar je je pasgeboren baby anoniem kunt afgeven. De baby wordt daar goed verzorgd, krijgt eerst pleegouders en wordt later vrijgegeven voor adoptie.

ZWANGERSCHAPSONDERBREKING //

→ *abortus*

Niet altijd wil iemand haar/zijn vragen en problemen met ouders, vrienden of vriendinnen bespreken. Hieronder enkele internetadressen, waar je terechtkunt als je in de knoop zit.

Word je gepest, heb je problemen thuis, ruzie met vrienden of voel je je rot, dan kun je bellen of chatten met de kinder- en jongerentelefoon:
www.kindertelefoon.nl (Nederland)
www.kjt.org (Vlaanderen)

Voor al je vragen over seksualiteit kun je terecht bij:
www.seksualiteit.nl of
www.soaaids.nl (Nederland)
www.sensoa.be (Vlaanderen)

Meer specifieke vragen over ongewenste zwangerschap en abortus kun je beantwoord zien op:
www.vbok.nl of *www.casa.nl* (Nederland)
www.ongeplandzwanger.be (Vlaanderen)

Met vragen over eetstoornissen, anorexia en boulimie kun je terecht bij:
www.eetstoornis.info (Nederland)
www.eetstoornis.be (Vlaanderen)

REGISTER